# ジオ・メディアの系譜
### 進化する地表象の世界

杉浦章介　松原彰子
渡邊圭一　長田　進
武山政直　大島英幹

慶應義塾大学出版会

## はじめに

　地理学は、古くて新しい学問である。「古くて」というのは、太古の昔から、地理への関心は、歴史への関心と並んで、様々な文明において示されてきたということによっても明らかである。「新しい」というのは、世界の動きにつれて、地理への関心のあり方も、時代に応じて変化を遂げ、地理学の内容を変容させてきたということでもわかる。特に地理学のなかでも、地表の事物や事象の姿やイメージを記述する地誌は、こうした変化を鋭敏に反映してきたといえよう。

　1980年代以降、所謂「グローバル化」の動向の中で、これまでには見られなかったような大きな変化のうねりが引き起こされている。交通やコミュニケーションにおける一大革新によって地表の再編が全地球的規模において展開しているものと見られる。そのことを端的に表しているのは、経済活動における、世界各地の相互依存性の増大ということであろう。貿易の自由化や直接投資の増大によって、世界規模における生産・流通・消費のシステムは大きく変貌し、そのなかで中国経済やインド経済をはじめとする新興経済国の台頭が著しい。

　経済活動におけるグローバル化というと、グローバル市場の獲得を目指す国際分業システムの構築と、その影響が取り上げられることが多い。日本やアメリカ合衆国の消費者が手にする工業製品の多くが労働費用の安い中国などの新興経済国で生産されたものであることをもって「経済のグローバル化」と理解されている。このことに間違いはないが、見落とされているのは、ブラジルの低所得者層の人びとも、ブラジルから見れば地球の裏側にある中国で生産された安価な靴を購入するようになり、ブラジルの製靴業界の中小企業が苦境に立たされているというもうひとつの事実である。先進工業国の製造業を脅かす新興経済国の製造業も、グローバル化

によって新たな脅威に直面している。

　産業が変われば、人口も変わり、人口が変われば、地域も変貌し、興亡する。しかも、このような変化は、極めて短時間の内に、しかも、突然、外部からやってくるものと見なされている。ブラジルの貧しい人々が「安くてよい靴が欲しい」という欲望を持つことを拒否しない限り、打ち寄せる変化の波は避けられない。このような地表の再編にともなう相互依存性一般の増大は、相互に依存しあう国々や人々についての関心を増大させている。また、相互依存性の増大ということは経済の領域にとどまるものではない。交通や通信の技術革新によって、世界の人びとは、これまでにない規模において国境を超える旅行や移動を行い、インターネットなどによって日々世界各地の情報の獲得を行なっている。このような人や情報の流れにおける急激かつ膨大な変化は、世界について、人々の抱くイメージや知識そのものを急速に変容させているものと思われる。地誌的なイメージや知識の内容における変化と言ってよい。地誌的なイメージや知識は、今や新たに登場したメディアによって媒介されることで新たに生み出され、蓄積され、伝達され、使われているのである。

　ところで、そもそも、古来、人びとは如何にして、自分の住みなれた世界を超えた異国や地域について、あるいは自分が遥か遠く繋がっているかもしれないと思われる異郷やそこの事物のイメージや知識を獲得してきたのであろうか。そのような知の欲求に応えてきたのが様々なかたちの旅行記や異国譚であり、地図を初めとする様々なモードのメディアが地誌の創造と利用に大きな役割を果たしてきた。

　そして現在進行中の、情報通信革命は、人間の知識の獲得、利用にかかわるメディア革命である。その革命の只中で、これまでの地誌の内容は急速かつ大幅に変化するものと考えられる。

　本書は、地理学を構成する重要な分野であり、日常生活においても身近な存在である地誌について、メディアの伝統と革新という観点から、どのようにして地誌的なイメージや知識の獲得、表現、記録、伝達、鑑賞、利用が可能となるのかについて多角的に検討を行うものである。このような、地誌的なイメージや知識を媒介するメディアのことを「ジオ・メディア」

と呼ぼう。本書は、いわば、「ジオ・メディアの系譜」を明らかにすることで地誌の世界についての理解を深めることを目的としている。

　かつて、新たな地理学と地誌の時代を開いた大航海時代はまた、グーテンベルクの印刷機の発明によってもたらされたメディア革命の時代でもあった。印刷術と羅針盤によって未知の世界が多くの人々にとって知の対象の世界となった。今また、インターネットや地理情報システム（GIS）を手にした我々は、新たなる知の世界を切り拓こうとしている。

　2010年春

杉浦章介

目　　次

第1章　地理学と地誌（杉浦章介）　　　　　　　　　　　　　　1
　　1-1　「地表の記述」への2つの途　1
　　1-2　科学的な世界観と地理情報　4
　　1-3　何故、「地誌とメディア」なのか？　12
　　1-4　本書の構成　16

第2章　地図というメディア（杉浦章介）　　　　　　　　　　　19
　　2-1　地誌と地図　19
　　2-2　地図コミュニケーション（Cartographic Communication）(1)　21
　　2-3　地図コミュニケーション(2)　メディアとしての特質　23
　　2-4　地図の冒険　34

第3章　自然地誌と地図（松原彰子）　　　　　　　　　　　　　41
　　3-1　地形の成り立ちと人間活動
　　　　　─地図に表現される自然と人間との関わり─　41
　　3-2　自然災害と人間　─地震災害を例にして─　50

第4章　写真と都市空間の地誌（渡邊圭一）　　　　　　　　　　59
　　4-1　写真の誕生と都市　59
　　4-2　地誌メディアとしての地理写真　63
　　4-3　都市空間の記録と記憶　68

第5章　映画から学ぶ地誌的な視点（長田　進）　79
　5−1　はじめに　79
　5−2　映画の誕生と発展　79
　5−3　メディアとしての映画の特徴　81
　5−4　映画の分類　82
　5−5　地誌的観点から鑑賞する場合の映画の魅力　85
　5−6　映画と地誌　4つのアプローチ　86
　5−7　おわりに　91

第6章　メディアのモバイル化とリアルタイム地誌の誕生（武山政直）95
　6−1　携帯メディアと変容する時空感覚　95
　6−2　地理的状況に感応するメディア　99
　6−3　センサー市民によるリアルタイム地誌の編纂　103
　6−4　ユビキタスメディアとしての地誌　107

第7章　デジタルメディアと想像的世界の体験（武山政直）　115
　7−1　バーチャルワールドの現実感　115
　7−2　トランスメディアと代替現実体験　123

第8章　GISと地誌の世界（大島英幹）　133
　8−1　GISとは　133
　8−2　地図を検索する　134
　8−3　地図を作成する　136
　8−4　地図を公開する　140
　8−5　GISもメディアのひとつ　144

　索引　149

# 第1章
## 地理学と地誌

## 1-1 「地表の記述」への2つの途

　地理学（Geography）とは、地表（Geo）の記述（graphy）の学であるとされてきた。地表の記述は、日常の生活圏を超えた世界についての純粋な知的好奇心の対象でもある。地理的な体験や感動を他人に伝えたり、あるいは、他人の体験や感動を見聞きしたりすることの喜びは普遍的なものといえる。観光や旅行の楽しみや、「山の彼方」への興味は洋の東西、今も昔も変わらない。しかし同時に、こうした地表の記述への関心が強いのは、それが経済的利益や生活の安全、さらには自分が何であるのかというアイデンティティーについての重要な情報をもたらしてくれるからでもある。

　地表の記述は、神話や伝承、さらには歴史とともに古来、我々の棲む世界についての基本的理解を生み出す契機ともなってきた。しかし、地表をいかにして記述するのか、その時の「記述」とは何を意味するのか、については古代ギリシアの時代から幾つもの見解が並存してきた。それらの異なる見解やアプローチは、その後の地理学の歴史的発展のなかで、異なる2つの基本的考え方に集約されるものといえよう。それらの起源を辿ると次のようになる。

（1）地表の測定
　その第1のものは、地表の記述とは、厳密な方法によって、地表の有様を客観的に測定するという考えである。この場合に重要となるのは、様々な事物の正確な位置であり、他の事物との正確な位置関係、距離というこ

とになる。この考え方によれば、地表を客体化し、唯一無二の客観的事実としての地表を厳密な測量や測定によって描き出そうと試みることが重要となる。そのような考えは、既に古代エジプトや古典古代のギリシアにも萌芽を見ることができる。古代の幾何学の起源は、このような土地の測量術の中にあるとも言われている。

　古典古代の知識の集約化と体系化が試みられたアレキサンドリアのムセイオン（Museum の語の起源といわれる）の附属図書館の館長を務めたエラトステネス（Eratosthenes, BC275－BC194）は、地球の大きさを初めて測定したことで知られる。また、地表が球体としての地球の一部であることを明らかにした。

　このような地表の測定による地表の記述という考え方は、やがて、航海術の発達とともに、大航海時代には、世界地図の作成へと結実し、また、測量技術の発展によって、近代国家の正確な国土図の集成へと展開してゆく。更に、航空機の実用化によって、航空測量や空中写真による地表の記述が生まれてくる。その延長上に、人工衛星による地表の観測や記述や、全地球測位システム（Geographic Positioning System : GPS）によるナビゲーション・システムの活用の道が開かれる。

（2）異なる場所における人間活動の記述
　一方、地表を記述する第2のものは、地表上の様々な場所において繰り広げられる人々の営みについての情報を収集し記述するというものである。こうした記述はいかに客観的な事実のみを収集するとしても、収集する人間の取捨選択や価値判断に大きく依存するものであるという意味で、主観的な情報に基づくものであるといえる。しかし第1のものが取り上げる地表の特性が、位置情報や距離情報、地表の形状や大きさなどを中心とするものであるのに対して、この第2の考え方としての記述の内容は、遠い異国の自然や動植物、産物や習俗、自分の知らない未知の世界の多様な情報であり、人々の生活の営みをも含むものである。しかし、この方法には人々の耳目を集める新規性やストーリー性はあっても、厳密な意味での客観性はない。古代ローマ時代においてユリウス・カエサルのガリア遠征の

記録である『ガリア戦記』はガリアの地におけるカエサルの7年にわたる「蛮族」との戦闘報告であったが、それは、ローマ市民を熱狂させたといわれている。後代になって、この書が歴史書とも地理書とも評価されるようになったのはそこには未知の世界が生々しく記述されていたからである。

カエサルがガリアで奮戦していた頃に生まれたストラボン（Strabon, BC63－AD23）は、ローマの版図である地中海沿岸を自ら踏破し、ローマ領の諸都市の詳細な叙述を全17巻の『地理書（Geographica）』として残している。ローマ帝国の広大な版図の生き生きとした現実を知る術は、1人の地理学者の経験に基づく地表の記述によってもたらされた。

（3）古典古代の地理学的知見の体系化とイスラム文明による継承

このような古典古代の世界の地理学的知見の集大成が、アレキサンドリアのムセイオンとその図書館を中心に行われたが、天文学者でもあったプトレマイオス（Ptolemaeus, AD83－168）は、『地理学（Geographia）』を著したが、その中で、それまでの地理学的知見の集大成にあたって初めて、経緯線を用いた世界地図を考案したことでも知られる。

このような地理情報の体系化の試みは、アレキサンドリアのムセイオンの衰退と、火災による蔵書の消失の後には、イスラム学者たちによって継承され、優れたイスラム地理学の成果を生み出し、やがてビザンチン帝国を経由しながら、古典古代の復興というルネサンスの時期のヨーロッパに再び紹介されることになる。この頃、既に、ヨーロッパでは、12世紀から13世紀にかけてイタリア商人であったマルコ・ポーロによる元の都大都への旅の記述である『世界の記述』（いわゆる『東方見聞録』）に刺激されて、アジアの富への関心が増大していたが、やがて地理情報の拡大とともに科学的測量技術の発達によって大航海時代とよばれる時代が幕を開ける。

この大航海時代はまた地理の時代でもあった。ヨーロッパにおいては未知であった世界の各地の地理情報がヨーロッパにもたらされたという意味で「地理上の発見時代」ともいわれているのはそのためである。大航海時代の幕を切って落としたのは、イベリア半島の南西端に位置するポルトガ

ルであったが、その首都リスボンの港はテージョ川の河口近くにある。その河口にそびえ立つ「発見のモニュメント」は、1960年にエンリケ航海王子没後500年を記念して建造されたものだが、往時の先端技術の粋を集めたカラベラ船をかたどった記念碑の船首に立つのはエンリケ航海王子であり、それに付き従うのが、天文学者、宣教師、そして地理学者等である。大航海時代を突き動かしていた時代の空気には、富の獲得、キリスト教の布教、そして地理情報の体系的な収集があったことがうかがわれる。

（4）大航海時代と地理の時代の再興

　この大航海時代には、先にも述べた地表の記述の2つの異なる方法が共に再び重要性を持つようになった。羅針盤の改良による正確な位置の測定による緯度航法は大洋上の航海を可能にするものであり、やがて世界周航の企てが国家の事業として試みられるようにさえなる。ポルトガルやスペインによって始められた世界への進出は、莫大な富を本国にもたらすこととなったが、未知の世界の地理情報の多くは、国王とその配下の御用商人たちの手によって独占的に秘匿されていた。そのなかでも、特に重要な情報は、航海に使われた航海図と航海日誌であった。測量情報と航路が図示されていた航海図は、多くの場合、国家機密として扱われていた。航海日誌に記述されていた異国の情報は、富の独占と深くかかわっていたからである。このように地表の記述に用いられた古代からの2つの方法は大航海時代には再び、統合化されて活用されていたものと考えられる。

## 1－2　科学的な世界観と地理情報

（1）近代地理学の発展と地誌

　グーテンベルクの印刷機の発明に端を発して、印刷技術の発展によって、世界の記述に関する多くの書物が印刷されることによって、世界についての地理情報も広く共有されるようになる。それにともなって、世界の珍しい事物や事象についての知識の総合化が試みられるようになり、いわゆる「博物学」や「博物誌」が知的探求や好奇心の対象となってゆく。

その一方で、天文学や物理学などの自然科学が発展し、自然現象を統一的に説明することの出来るような普遍的な法則や原理の探求が試みられるようになる。知性の優越性と合理主義に基づく科学的世界観が「時代の精神」とさえなってゆく。それは、ヨーロッパの中世以来支配的であったキリスト教的世界観の宇宙誌（Cosmographia）からの決別を意味していた。
　大航海時代以来、収集された世界に関する地理学的知見を統合的に体系化するために、地図学（Cartographia）が発達し、地理情報は実証的かつ実用的なものとして整理統合化されてゆく。1570年、アントワープでは、アブラハム・オルテリウスによって『世界の舞台』と題する世界最初の世界地図帳が出版され、初版だけでも6ヶ国語に翻訳された。そして、その後40年間に30回以上の版を重ねた。
　このような時代の流れのもとで、近代地理学の祖とよばれるフンボルト（Humboltd, 1769－1859）は、自然科学に基づく普遍的な原理による世界観ともいうべき大著『コスモス（KOSMOS）』全5巻（1845－1862）を公刊した。地理学は、フンボルトの壮大な構想のなかでは、それ自体の探求が目的としてあるのではなく、あくまであらゆる生命体の全体的理解や多種多様な存在の総体の統一的理解をおこなうための、ひとつの学問的なアプローチであるとされていた。フンボルト自身がそうであったように、フンボルトの抱いていた世界の多様性について認識は、その植物生態学的研究や、熱帯気候の研究、火山地形の研究などの体系的な科学的分析的アプローチの成果の総合化によってもたらされたものであった。統一科学の一翼を担う地理学においても対象となる地理事象に応じて個別科学の分析的アプローチが重要となっている点が、後に地理学における一般地理学と特殊（地域）地理学の並存へと繋がってゆく。

（2）一般地理学と特殊地理学
　一般地理学とは、どのような場所においても成立するような普遍的な法則の探求を目指すものであり、これに対して、特殊地理学とは、対象となる地域や場所に固有な特性を記述するものであるとされる。地形学は、物理学や化学などの自然科学の原理を援用することで、地形の形状や、その

歴史的な発達の過程を普遍的原理に基づいて体系的に説明しようと試みる。そのために、一般地理学は、その体系性によって体系地理学（あるいは系統地理学）ともよばれる。

これに対して、特殊地理学においては、パリ盆地ならパリ盆地という特定の地域における地形や気候、植生や土壌などの自然条件や、人口や産業の発展、さらには文化などの人文社会現象の有様を記述することをとおして、対象となる地域の理解を深めることを目指している。そのために、特殊地理学は地域地理学ともよばれる。古典古代の時代における地表の記述に関する2つのアプローチのうち、第2の人間の営みの記述という方法が、ここでいうところの特殊（地域）地理学にあたるものである。そして、今日、地理学において地誌として理解されるものは、この特殊（地域）地理学のことを指す。

（3）地理学の中の地誌（コログラフィー：Chorography）

フンボルト以来の近代地理学の発展の流れのなかで、地誌の位置づけを明確化した地理学者の1人は、ドイツのライプチヒ大学教授ならびにベルリン大学学長を務めたリヒトホーフェン（Richthofen, 1833−1905）であった。リヒトホーフェンは、ベルリン大学で学んだ後、ウィーンの地質調査所に勤務し、地質学研究から地形学（地質学的地形学）を確立した一般（体系）地理学者であったが、同時に、地理学における地誌の役割とその方法的な統一を創案し、自ら、地誌の記念碑的業績である大著『支那（中国）』を著した。

リヒトホーフェンは、また、地理学の対象となるものは、気圏、水圏、岩石圏の交差する地表であることを明確にするとともに、地表の科学として、地理学を他の諸科学と区別するものであるとの見解を提唱した。

このように地理学の独自の研究対象を定義した後、科学の1分野である一般（体系）地理学とは区別される特殊（地域）地理学について、前者が普遍的な自然科学の法則に基づく科学的説明を行う実証的地理学であるのに対して、後者の特殊（地域）地理学は、記述的地理学であるする。そして、この記述的地理学は、地表の一部分について、その対象地域には多様

な地理事象が構成要素となっている複雑な集合体が存在しいるのであるから、その複雑な集合体（あるいは地域システム）を観察し、記述することを目的とする。さらに、このような記述的地理学ののなかでも最も純粋な方法によって纏め上げられるものが「地誌」すなわちコログラフィー（Chorography）であるとする。

　このコログラフィーは、地表の一部分の記述であるにしても、いかなる記述が望ましいのかという点については、事象について、博物学や百科全書のような断片的通俗的な記述ではなく、地誌の記述に相応しい探求の方法として、科学的で分析的なコロロギー（Chorology）の観察方法の基づいて行われるべきものとする。コロロギーの分析方法には、「形態学的」なものの見方と「発生学的」なものの見方があるとされた。そして、さらに、あくまで一般（体系）地理学の観察方法を準用しながら、地誌の記述の目的を達成することが望ましいとリヒトホーフェンは考えていた。

　それでは、この Choros コロスとは、何か。その意味は、古代ギリシア語では「土地」や「場所」を言い表すもので、コログラフィーとは、場所の記述学ということになる。すなわち、リヒトホーフェンによれば、地誌とは、地域や場所の特性を科学的観察方法に基づいて記述する学であるということになる。

　優れた地形学者であったリヒトホーフェンが前後12年間にも及ぶ中国踏査の結果をまとめたものが地誌の大著『支那（中国）』であったが、その内容は、地質学的観察という個別の体系地理学の知識を超える地理的関心全般にまで及ぶものであった。

（4）地誌学の展開と国家

　リヒトホーフェンによってコログラフィーとして定義された地誌学は、一般（体系）地理学における科学的分析方法の目覚しい発展のなかで、独自の発展を見せるようになる。

　リヒトホーフェンによって体現されていた体系地理学と特殊地理学の総合化が、多くの優れた地理学者たちの手よって実現化されたのは、19世

紀末から20世紀にかけてのフランス地理学界においてであった。地形学、地質学、気候学、土壌学をそれぞれ専門とする地理学者によってヨーロッパ各地やアジア、アフリカの地誌が編纂されていった。氷河地形の専門家によってアルプス山地地方の地誌が編まれた。

　そのような地誌学的記述の試みの頂点に立ったのが、ヴィダル・ドゥ・ラ・ブラーシュ（Paul Vidal de la Blanche, 1845－1918）の著した地誌の古典的名著である『フランス地理』であった。この著は、第3共和制下のフランス学士院がその威信をかけて取り組んだ『フランス史大全』（フランスの起源から大革命に至るフランス全史の編纂）の刊行事業における第1巻として刊行されたものであった。その内容は、フランス全土を多くの地域に区分し、それぞれの地域がどのような自然的あるいは歴史文化的特徴をもっているのかについて、詳細な地形図や写真、さらには地域的特性を可視化する手段としての地形模式図を多用しながら流麗な文章によって記述するものであった（図1.1, 1.2）。時代は正に帝国主義の絶頂期であり、フランス国家はその歴史と地理に関する学術的成果を纏め上げることが、国家の統合を図る国家的事業の1つであると考えた。フランス人とは何者なのか、そしてフランスという国はどのような国なのか、このような問に対して国民としてのアイデンティティーをあたえるものこそ、『フランス史大全』に他ならなかった。

　フランスにおける地理学とフランス学士院との関係は大革命の遥か以前にまで遡ることが出来る。太陽王とも称せられたブルボン王朝のルイ14世の治下において財務総監を務めたコルベールはその重商主義政策によって産業を振興し、財政力の拡大によってヴェルサイユ宮殿にヨーロッパ中の芸術家や知識人を集め、フランスの国家的威信を高めたことでも知られるが、コルベールはフランス学士院の礎を築いたことでも知られる。コルベールは、自身アマチュア科学者でもあったが、そのコルベールが国家的事業として率先して取り組んだ事業が、フランス全土の正確な測量とその結果であるフランスの領土を表す地図の作成であった。近代国家の特性が主権の確立とともに領土の一元的排他的支配の確立にあり、国土を正確に表す国土図は、そのような一元的支配にとって不可欠なものであったといえる。

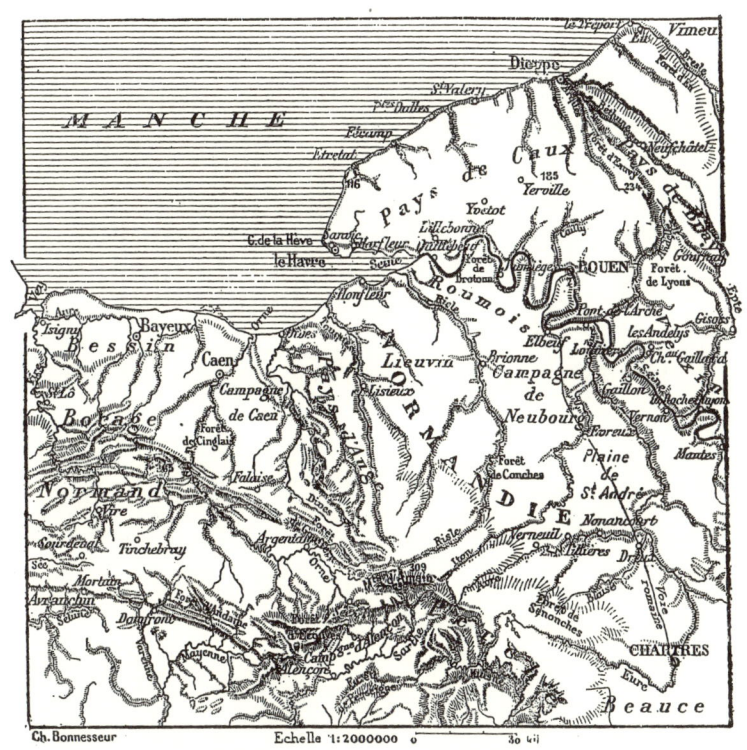

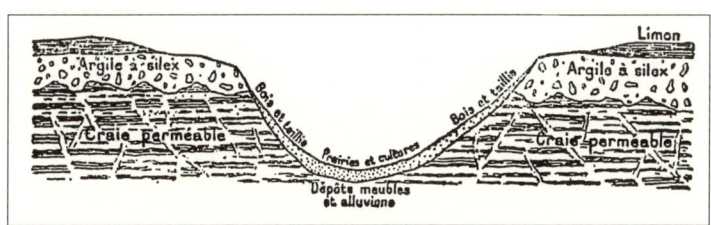

**図1.1 『フランス史大全』の地形模式図**
出典：Vidual de la Blanche, Paul (1922), p173, 176

(5) 地誌の魅力と魔力

　近代国家の発展と軌を一にしながら発展した地理学は、「地表の記述」から次第に「国土の記述」の学としての特性を帯びるようになって行く。国民は、歴史や地誌を通じて「国民化」してゆく。そのために、地誌は国

図1.2 『フランス史大全』の写真
　　　出典:Vidual de la Blanche, Paul(1922), p178(ノルマンジーの章より)

別に体系化され、各国においてそれぞれの地誌が教育されていくようになる。そして、一度、地誌的な記述として広く受け入れられた地誌の内容は、人々の地理的理解の枠組として共有化され、共通の知識（地誌的常識）となる。

　しかし、このような地誌によって共有化された世界の姿（イメージ）そのものが、現実を理解する簡便なフィルターともなってゆく。歴史における時代区分と同様に、地誌における地域区分の枠組や地域の性格付けの広く共有された通念が、地理的な現実そのものを見る見方を逆に規定していくようになってゆく。例えば、国民性や県民性などの情報の多くは、ステレオタイプ化されたイメージの自己増殖作用の結果であることが少なくない。

（6）情報・メディア革命のよる地理的情報の拡大
　このような近代国家の形成過程の背景には、産業社会の発展がある。産業革命によってもたらされた「文明の利器」によって、人々の抱く世界についてのイメージや、人々の獲得できる地理情報は、飛躍的に変貌を遂げてきた。19世紀半ば、1879（明治12）年、福澤諭吉は、『民情一新』を著し、その第3章の中で、「凡そ其実用の最も広くして、社会の全面に直接の影響を及ぼし、人類肉体の禍福のみならず、其内部の精神を動かして、智徳の有様をも一変したるものは、蒸気船車、電信の発明と、郵便、印刷の工夫、是なり。」と明言している。これらの蒸気船、蒸気機関車、郵便制度、大量の書籍の発行を可能にする印刷技術の普及、などの「文明の利器」によって、社会の心情が、そして社会そのものが変化してきたのだ、と福澤は考えたのである。そして、同じ章の中で、福澤は、文明の利器によってもたらされる智の変貌について、智とは、物事を深く追求する思索や論究を行うという意味だけではなく、見聞を広めて世界の有様を良く知るというということによって、人々は新たな行動を起こすようになる、といい、「智」とは、「情報（インフォルメーション）」の獲得という意味もあることを説いている。現代風に言えば「知の変革」をもたらす技術革新とは、交通通信革命であり、情報メディア革命であるということになる。

そして、それらの革新が文明を動かす力となっている、と福澤は喝破する。

　地理情報は、学校教育などの教育制度を通じて普及拡大してゆくとともに、新聞や雑誌などの紙媒体のメディアを通じて人々の間に普及浸透してゆく。そして、その後は、メディアの革新による、写真や映画などの映像メディアの普及や、ラジオやテレヴィジョンなどのマス・メディアの普及・確立などを通じて、人々の獲得できる「情報」は飛躍的に増大し多様化してゆく。情報一般の、そして地理情報の爆発的拡大の時期を迎えることになる。そして、今日、パソコンや携帯電話などの普及によって新たな地理情報や地誌情報が生み出され、利用されるようになっている。このような多様なメディアは、それぞれのメディア特性を活かしながら、地表の記述を行っているが、その中で、地理学者の手になる専門的な地誌と並んで、一般向けに編集された旅行ガイドブックや旅行記などの書物の形態によるものや、映像（写真や映画など）や地理情報システム（Geographic Information System：GIS）などによる映像形態による地表の記述が多種多様に生み出され、利用され、蓄積されている。

　そして、今日、世界各地の記述や映像イメージはかつてないほどの規模で増加している一方で、カー・ナビや携帯ナビによる地理的位置情報の活用は日常化している。古代以来の、地表の記述における2つのアプローチは、新たな技術革新の装いのなかで再び、統合化され、人々の生活や、経済や軍事活動の領域に大きな影響を及ぼすようになってきている。地誌が新たな時代のなかで再び輝き始めている。

## 1-3　何故、「地誌とメディア」なのか？

（1）メディアとは何か？

　メディア（media）とは、「媒体」と訳され、多くの場合、新聞、雑誌、テレビジョンなどのマス・メディアのことを意味するが、メディアは必ずしもマス・メディアだけを意味するものではない。「媒体」という用語からも想像できるように、メディアとは、何かと、それとは別の何かを媒介

するもの、といえる。その何かとは何か？それは、情報の伝達、すなわちコミュニケーションにおいて、情報の発信者（生産者）と情報の利用者（消費者）を媒介するものが、メディアであるといえる。

　ある人間の抱く「思い」や印象、あるいは、アイディアは、他の人には、そのままでは伝わらない。そこで、それらの「思い」や印象、あるいは、アイディアを、例えば、文字として紙に書いて、その書かれた紙を、伝えたい人に渡すと、それを読んで相手は書かれている内容を理解することになる。すなわち、「思い」が伝わる。あるいはまた、絵や図として指し示すことで、他の人にも伝えることが可能となる。この場合、「思い」や印象、アイディアという無形のものが、有形な紙というモノの上に表現され、そのモノを媒介にして、意思や情報の伝達が行われる。地誌に関して言えば、地理情報の多くは、書籍や地図といった紙媒体を通して、情報の送り手から受け手へと伝えられる。この場合、書籍や地図が媒体、すなわち、「メディア」である、ということになる。古代バビロニアでは、紙ではなく、粘土板に文字が記されていた。この場合は、粘土板がメディアだったといえる。しかし、ここで重要な点は、媒介するモノの材質そのものではなく、古代バビロニアにおいても、古代エジプトにおいても、地理情報が地図という表現形態によって表出されていたという点であろう。そこで、以下においては、メディアとは、紙とか粘土板、あるいは電子といった媒介するものの材質そのものではなく、言語による記述（書籍）や地図、映像やコンピュータによって処理された画像などの表現形態のことを指すものとして議論を行ってゆくこととしたい。

## （2）地理情報の伝達とコミュニケーション

　地表の記述の第1のアプローチに場合、地表の測定によって獲得された地理情報の多くは、地図などの2次元の空間上に表現される。エラトステネスの地球観測情報と測量術の結果は図示化することで伝達された。また、プトレマイオスの経緯線を用いた世界図は大航海時代の地図学における作図法に大きな影響を与えた。このように、地表の測定による地表の記述という方法においては、地理情報の作成者（発信者）の意図や「思い」は、

かなり正確に地理情報の利用者（受信者）に伝達される。それは、地図という表現形態、（以下の章では地図というメディアということにする）の特性が、こうした伝達を可能にした、考えられる。

　それでは、第2のアプローチである、異なる場所の人間活動の記述の場合はどうであろうか。ストラボンのようにローマ帝国の版図内の諸都市を自ら踏破し、各都市の様子を記述したような場合、その記述の内容は、発信者であるストラボンから、読み手である受信者に、正確に伝達されるのであろうか。地誌的な記述の多くは、書き手である者の体験と観察に基づいている。それは、基本的に主観的な情報である。にもかかわらず、多くの地理書が、マルコ・ポーロの『世界の記述（東方見聞録）』のように、読み手に、そして、読み手による会話を通じて、多くの人々に感動とインスピレーションを与えることができるのはどうしてであろうか。

　まず第1に、地誌的記述が、何らかの客観的なデータに基づくものであれば、記述の内容は正確に伝わる可能性が高い。例えば、異国の自然条件について、気候の有様を、平均気温や降水量などのデータによって表現すれば、単に「暑い」とか「涼しい」というよりも、より正確に地理情報は伝達される。また、自然条件のうちでも、地形などについては、地形図を多用することで、異なる場所の記述内容は、より正確に伝達される。しかし、人間活動のうち、いわゆる精神活動の領域にあたる、死生観や美意識となると、どうしても観察者である書き手の主観による判断や推測が入り混じることは避けえないことになる。また、異なる場所の習俗や文物の記述においても、読み手の側にある程度の予備知識がない場合には、伝達される地理情報の内容は、意図せざる歪曲や誤解を生むことになる。そのような誤解を回避する、あるいは軽減する方法の1つが、図や写真などの情報を活用することである。幕末明治初期に日本を訪れた「外国人」による日本紹介の書籍の中でも図や写真を多用するものが少なくないのはこのためであろう。

　19世紀半ばに写真が発明され、実用化されるようになると、地理学者を始め、人々は競って、地理情報を写真という新しいメディアを通じて伝

達することを試みるようになった。写真は、それまでにない有効な記録の手段であるとともに、情報の伝達手段でもあった。都市や自然を俯瞰する写真は、地誌には不可欠なものとなり、また、観光ポスターのように、文字以上の効果を発揮する情報伝達と広告宣伝の手段ともなった。また、初期の写真家の撮影の主要な対象の１つは、めまぐるしく変貌する都市の風景（都市写真）そのものであった。

　さらに、写真では充分に伝えることのできない人間活動の動きについては、写真の原理を応用する映画の発明と実用化によって伝えることが可能になった。映画とは文字通り、「活動写真」（motion pictures）であったのである。その後のメディアにおける様々な革新を経て、今日、電子的な処理を含む、多様な様式における地表の記述が行われるようになってきている。

（３）地理情報の解釈

　地表の記述の内容が様々なメディアを媒介にして記録され、伝達されることは既に見たとおりであるが、そこで「正確に」伝達される、という点が何を意味するのかについて少し検討を加えてみることみする。地表の測定にしろ、場所の記述にしろ、ある「思い」や印象、そして、アイディアが正確に伝わるということはどのようなことなのか。

　地表の測定の場合、それが客観的な事実であり、正確な地図を用いれば、地理情報は誤解や歪みを除去して伝達されるものと思いがちであるが、必ずしもそうともいえないのである。この点については、第２章の「地図というメディア」で詳しく検討を加える。

　一方、場所の記述の場合、その伝達手段に使われるメディアが言語や地図を用いた地誌であれ、写真や映画、さらにはコンピュータ・グラフィックス（Computer Graphics：CG）などを利用したものであれ、地理情報の送り手である地表の記述者の「思い」や印象、アイディアは、そのまま伝達されるわけではない。言語を初め、コミュニケーションにおける表現形態が多様化すればするほど、伝えられる情報の意味は、曖昧性を増大化することはさけられない。地誌の書き手と読み手の間に成立するコミュニ

ケーションには、読み手の側における解釈（interpretation）という行為が介在するからである。地理写真は、映像情報として、地表の記述において、言語にはない特性をもっているが、同時に、地理写真の情報の意味は、一般に、専門用語による言語表現よりも曖昧性が大きいといえる。映像情報の解釈においては、受け手（読み手）の側の価値観や関心、過去の経験、美意識などによって解釈の余地は大きい。同じ地誌を前にしても異なる解釈や受け取り方が可能であり、その結果、受け手によって地誌の意味内容に相違が生まれることになる。この問題に正面から取り組んだ地理学者はほとんどいないが、地誌が読んで楽しく、観て知的興味をそそるものであっても、ちょうど、小説や映画がそうであるように、その意味内容はオープンであり、受け手の解釈に最終的には依存するものであることを銘記することが必要である。

## 1-4　本書の構成

　本書は、地理学の重要な柱の１つであり、ある意味で、専門領域としての地理学の範囲を超えて、広く多くの人々の知的関心事である地誌一般（様々な地域や場所に関する関心と知的好奇心）をテーマにしながら、人間の地理的な経験に表現形態を与え、地理情報の獲得、表現、記録、伝達、鑑賞利用について、様々なメディアとの関連で検討を加えることを目的とするものである。

　第2章においては、地誌にとって最もなじみの深い地図について、そのメディアとしての特性について検討を行う。続く第3章では、地誌の基盤である自然環境の記述について、地図に表現される自然と人間の関わりを取り上げる。さらに、第4章では、都市地誌に焦点を当てながら都市写真と空間の認識、都市の記憶について分析する。続く第5章では、映像メディアの代表として映画を取り上げ、メディアとしての映画の特性を論じながら、地誌における表現形態について考えてゆく。この第5章までは、これまでの地誌を構成してきた、いわば伝統的なメディアについてであるのに対して、以下の第6章から第8章までは、情報通信における革新によっ

て生まれてきた仮想現実や代替現実感などを含む新たな地誌の可能性や、既に現実化しているGISの世界と地誌との関連について考究する。

　このように、本書は、伝統的な地誌学を新たな視点から見直すとともに、技術革新によって開けつつある新しい地誌の可能性について、地誌とメディアという観点から概観するものである。また、世界のトランスナショナル化を通じて、これまでにあったような、各国別の地誌の編纂ということ自体にも大きな変化が及んできているのかもしれない。

　そして、各個別のテーマについて興味を抱かれる場合には、各章末の参考文献にあたって更に掘り下げて研究していただきたい。

【引用文献】

Vidal de la Blache, Paul (1922) *Tableau de la Geographie de la France*, Tome I, de Lavisse, Histoire de France

【参考文献】

カエサル（1942）『ガリア戦記』近山金冶訳,岩波文庫

グラック、ジュリアン（2004）『ひとつの町のかたち』書肆心水

高橋宏幸（2009）『カエサル「ガリア戦記」：歴史を刻む剣とペン』岩波書店

野間三郎（1963）『近代地理学の潮流：形態学から生態学へ』大明堂

野間三郎・松田信・海野一隆・高橋正（1970）『地理学の歴史と方法』大明堂

若林幹夫（2009）『増補　地図の想像力』河出文庫

Virga, Vincent (2007) *Cartographia: Mapping Civilization* Little, Brown and Company New York, 川成洋・太田直也・太田美智子訳（2009）『地図の歴史』東洋書林

# 第2章
# 地図というメディア

## 2－1 地誌と地図

　古典時代から現代に至るまで、地表の記述としての地誌は、地図を多用してきた。およそ、地理学者の手になる地誌において地図のないものはほとんどないといっても過言ではない。また、一般の旅行記や旅行ガイドブックなどにおける記述においても、地図は重要な役割を果たしている、地図のない旅行ガイドブックなどというものを考えることができるであろうか。

（1）地図とともに生きる
　それほど、地誌と地図とが深い関係にあるということは、実は、地理学一般と地図との不即不離の関係からもうかがえる。地理学にとって、地図とは、単なる1つの道具ではなく、地理学の探求は、地図という道具を使って、地図の上に現れている現象を見て取り、問題を発見し、分析を重ね、そして、その探求の結果を再び地図という道具の上に表現することによって成立するものである。地理学者は、地図とともに考え、その思索の結果を地図に表現するのである。いわば、地理学者は、地図とともに生きているといってもよい。
　アメリカ合衆国における文化地理学を確立したカール・サワー（Karl O. Sauer）は、『地理学者の教育』（1956）と題する、全米地理学者協会（The Association of American Geographers）の会長講演のなかで、「もし、地理学者であって、地図を活用することにためらいや疑問をもつ者がいるとしたな

ら、その人は職業選択を間違えたと思うべきである」との趣旨のことを述べている。それほど、地理学と地図とは密接不可分な関係にあるものといえる。ちょうど、近代物理学と数学との関係のように、地理学と地図とは、単なる道具以上の、ものの見方そのものを規定するものといえよう。

　また、現代地理学における哲学・思想の流れに大きな足跡を残してきたデレク・グレゴリー（Derek Gregory）は、その代表作 *Geographical Imagination* の一節の標題に Cartographic Anxiety すなわち「地図学的不安」という表現を用いている。そこでは、グレゴリーは地図学について論述しているわけではなく、デカルトからカント、そしてマルクスへといたる近代思想の潮流と地理学思想との関係について述べているのであるが、その議論の本質を表すものとして、「地図学的不安」という表現をつかっている。そこでは、地図学ないし地図とは、地理学そのものを意味する隠喩（メタファー）として使われている。

（2）「地図が読めない」

　このように専門的学問分野としての地理学の本質にも関わる地図は、決して地理学者の独占物ではない。むしろ地図は、日常生活や旅行に欠くことのできない情報源であり、多種多様な地図が現在、存在し、販売され、あるいは検索され、様々な目的の利用に広く供せられている。そうしたなかで、「地図が読めない」人、「地図が苦手な」人がいることがしばしば報告されている。「地図が読めない」といっても、視覚に障害があるわけではない。優れた教養を持ち、立派な文章を書き、絵画や映画を喜んで鑑賞している人であっても、「地図が読めない」という人がいる。この事実は、地図というメディアとは何かを考える上での手懸りになる。

　前章でも述べたとおり、地理情報を伝達する手段（メディア）として、地図が、地図の作成者（情報の発信者）の「思い」や印象、そしてアイディアを、地図の読み手（情報の利用者）へと伝えるという、コミュニケーションは、何故、「地図が読めない」ということで成立しなくなるのであろうか。

## 2-2　地図コミュニケーション (Cartographic Communication) (1)

### (1) コミュニケーション・システムとしての地図

これまでにも地図の描き方やその技法、そして、もう一方における地図の読み方についての研究は重ねられてきたが、地図を、1つのコミュニケーションのシステムとして捉え、そのシステムの特性を解明しようという試みは、地図の歴史に比べれば比較的新しいものである。そのような地図コミュニケーションについての考えを提示したのは、1975年のアーサー・H・ロビンソン (Arthur H. Robinson) とバーバラ・B・ペチェニク (Barbara Bartz Petchenik) の論文であった。ロビンソンは、アメリカ合衆国のウィスコンシン大学の教授として、国際的にも高名な地図学者であったが、その著『地図学の諸要素 (Elements of Cartography)』は、世界中の大学などで今でも使用されている地図学の標準的テキストでもある。

ロビンソンとペチェニクは、「コミュニケーション・システムとしての地図 (The map as a communication system)」と題する論文のなかで、地図コミュニケーションは、地図の作成者が抱く地理的イメージを、地図という媒体を通じて、地図の利用者に地理的イメージを喚起させることにある、としたうえで、地図の作成者と地図の利用者との間には、伝達される内容に関する意味のズレや食い違いが生ずることは避けられない、とする。それは、地図コミュニケーションにおいては、地図の利用者は、受動的に情報を処理するのではなく、地図の作成者の意図する地理的イメージを、自ら再構築するというプロセスが必要となるからである。すなわち、地図の利用者における解釈 (interpretation) というプロセスが地図コミュニケーションを成立させる条件となる、ということである。「地図が読めない」ということは、このコミュニケーション・システムにおける地図の利用者の側における、地図の作成者の意図する地理的なイメージの再構成が充分にできていないことによって生ずるものと考えられる。

### (2) トランスミッション型とトランスレーション型

このことを、別な形で説明すると次のようになろう。一般に情報の伝達

という場合、電話やコンピュータにおけるような電子的な伝送形態を想起する向きも多いのではないかと考えられる。情報の伝達といえば、電子的な信号の伝達と思っていても不思議ではない。このような電子的な信号の伝達のモデルを、トランスミッション（transmission）型コミュニケーションとよぶ。トランスミッション型コミュニケーションでは、一方に送信者（sender）がいて、他方に受信者（receiver）がいる。それらの2者は回線で結ばれており、その回線の中を何らかの信号を送ることによってコミュニケーションが成り立つことになる。電子メールで写真を送る場合を考えていただければ分かりやすいかもしれない。このトランスミッション型コミュニケーションでは、送信者の送る信号がそのまま受信者に伝わればよいのであるが、送信途中に様々な雑音（Noise）が生じることが考えられる。その結果、送信した情報に歪みや毀損が生じる。そこで、トランスミッション型コミュニケーションでは、この送信中に生じるノイズを最小化することが重要になる。このことは人間同士のコミュニケーションのみならず、機械と機械との間の情報通信についてもあてはまる。有名なシャノンの情報理論もこのモデルに基づくものである。

　しかし、ロビンソンとペチェニクによれば、地図コミュニケーションは、このようなトランスミッション型のコミュニケーションに基づくシステムではなく、地図の利用者の側における積極的な解釈行為（interpretation）によって成り立つもので、送られるものは信号ではなく、メッセージであり、イメージである、ということになる。それゆえに、地図の作成者の意図する地理的なイメージと利用者の再構築する地理的なイメージとの間には必然的にズレや相違が生まれることになる。それはちょうど、書籍などのテキストを読む行為と似ている。作者と読者の間におけるコミュニケーションにおいては、読者は積極的にテキストに働きかけて作者の意図するメッセージを解釈し、込められていると思われる意味を汲み取るという行為をしなければならないのと同じであろう。「読む」という行為がもっている働きかけることとおなじように、地図の利用、読図、地図の解釈も受動的ではなく積極的な、意味の付与、意味の構築をともなうものである。

この行為は、翻訳作業に似ている。翻訳とは、個々の単語を脈絡なく訳すのではなく、作者の意図する文章の意味を汲み取りながら、その意味を読者に喚起できるように適切な訳語を選ぶ作業である。その意味で、この解釈型コミュニケーションのことを、トランスレーション型コミュニケーションとよぶことができるであろう。また、地図の解釈は百人百様のニュアンスの差があり、過去の経験や地図そのものの性質を理解しているかどうかによって差が生ずる。トランスミッション型コミュニケーションが伝達される情報の内容は、送り手と受け手の間では、原則的には差がないとされるのとはちがい、トランスレーション型コミュニケーションにおいては、解釈者の経験や知識のレベルに応じて伝えられるイメージに違いが生まれる。それだからこそ、身体的には何ら障害がない場合でも、「地図が読めない」ということが起こってくるのである。

## 2−3　地図コミュニケーション(2)　メディアとしての特質

　それでは、このようなトランスレーション型コミュニケーションに基づく地図コミュニケーションにおいて、メディアとしての地図にはどのような基本的特性があるものと考えられるのであろうか。

(1) 地図は現実の写しではない。
　飛行機などに乗って旅するとき、晴れた日などに眼下の景色に見とれることがある。特に半島や湖を一望できるようなとき、思わず「地図そっくり！」などと言ってしまう。見慣れた地図帳にある半島や湖の形に眼下の景色がそっくりである、という意味である。しかし、半島や湖は自ら形を変えることはないのであるから、そっくりなのは、地図の方であり、地図に描かれた形状が実際の半島や湖とそっくりであるというのが本来の意味であろう。ここで重要なのは、多くの人々にとって、地図は、現実の「そっくりな」写しであるという思い込みである。特に、学習地図帳や地形図による地図体験によって、地図は、現実の忠実なコピーであると思い込んでいる人も少なくない。笑い話ではあるが、昔、船で外国に旅した人が、

船長から、間もなく赤道を通過しますといわれ、海上に地図にあるような赤い線があるものと思いを、眼を凝らして赤道を探したといわれる。

　地図に描かれているものは、地表上において生起する事象の総てではない。地図の作成者によって取捨選択された必要事項のみが描かれている。また、地図の作成者によって、地表には存在しないものでも、必要であれば地図に描き加えられる。赤道や両回帰線は地表には存在しない。
　国土地理院の発行する２万５千分の１の地形図には、市役所、税務署、警察署、消防署、郵便局、病院などが記載されているが、銀行、百貨店、コンビニなどは記載されていない。農地についても、果樹園というカテゴリーはあるものの、果物の種類を知るためには別の情報が必要となる。明らかに、何を地図に記載するかについての取捨選択が行われていることがわかる。反対に、眼に見える現実には存在しないような、行政区画や等高線が書き加えられている。特に等高線は、現実に眼に見える山や丘陵のイメージを伝える方法でもあるが、等高線から山や丘陵の地形のイメージを再構築するのには、それなりの読図の学習が必要となる。地形断面図の作成と言った基本的学習の結果、山岳地域の複雑な地形のイメージも地図の上から再構成されるようになる。
　また、飛行機などからの眺めと地図が似ているとしても、地図にある形と同じものを空から眺めた人はいない。空からの眺めには、見る人の視点が必ず存在し、近くのものは大きく、遠くのものは小さく目に映ずるはずである。しかし、地形図には、このような遠近法の視点はない。地形図は、高所から真下を見た時の眺めを無数に合成して構成されているもので、我々が日常、体験する地理事象や、観察する景色と同じものではない。
　地図は、個々の現象（地理事象の現れ）の集合ではなく、一定のルールに基づいて、地表の地理事象を構成する構成物（construct）である。その意味で、地図は、現実の写しではない、ということになる。

（２）地図には目的がある。
　地図には目的があることは、日常体験でもよく理解できる。広告宣伝に

載っている地図は潜在的な購買者への誘導案内図であり、海図は、船舶の安全な運航のために必要とされる事項が記載されている。また、ドライブに欠かせないロードマップには、通常、沿道に点在するガソリンスタンドとコンビニが詳しく載っているのは、こうした施設が自動車によって旅行する人々にとって欠かせない情報であるからである。

　それでは、地図のおける基本図とも言える国土地理院発行の2万5千分の1の地形図には、一体どのような目的があるのであろうか。登山家達にとって、山岳地帯の地形図は必携品であるのは、登山という目的のためである。しかし、地形図に潜む目的とは何か。それは、この基本地形図の起源を辿ると明らかになる。前章でも述べたように、近代国家にとって国土図の作成は、その統治にとって必須のものであった。明治新政府が取り組んだ国土図の作成、集成は、明白な目的があった。それは軍事的な目的であった。日本全国をカヴァーする地形図の作成にあたったのは、新生間もない陸軍測量部であり、陸軍参謀本部が所管であった。戦後は、軍隊の解体にともなって、国土地理院によって国土図の作成作業が引き継がれることとなった。

　明治期に作成された地形図には、土地利用の状況や道路などの交通網が記載されていたが、土地利用の記載は、水田であれば、夏季に馬などの騎兵を乗り入れることが難しく、畑であれば歩兵の進軍に支障はなく、野営も可能となる、ということを意味していた。また、道路は幅員によって分類され、大砲などの重火器の輸送や大量の兵員による行軍の条件をも示すものであり、橋梁なども、どれだけの重量に耐えられるかによって分類されていた。国土図はその起源においては、明白な軍事利用の目的を色濃く持っていたといえる。

　戦後、基本地形図における軍事色は後退するが、地形図の作成における伝統は引き継がれていることは、戦前の地形図と現代の地形図を比較すると、地図作成法や記号分類などの継承を見て取ることが出る。

　図2.1は、第1次世界大戦中にイギリス陸軍によって作成された弾幕地図（Barrage Map）である。大戦開始後、ドイツ軍とフランス・イギリス軍は塹壕を幾重にも構築することで対峙した。戦線は膠着状態が続き、兵

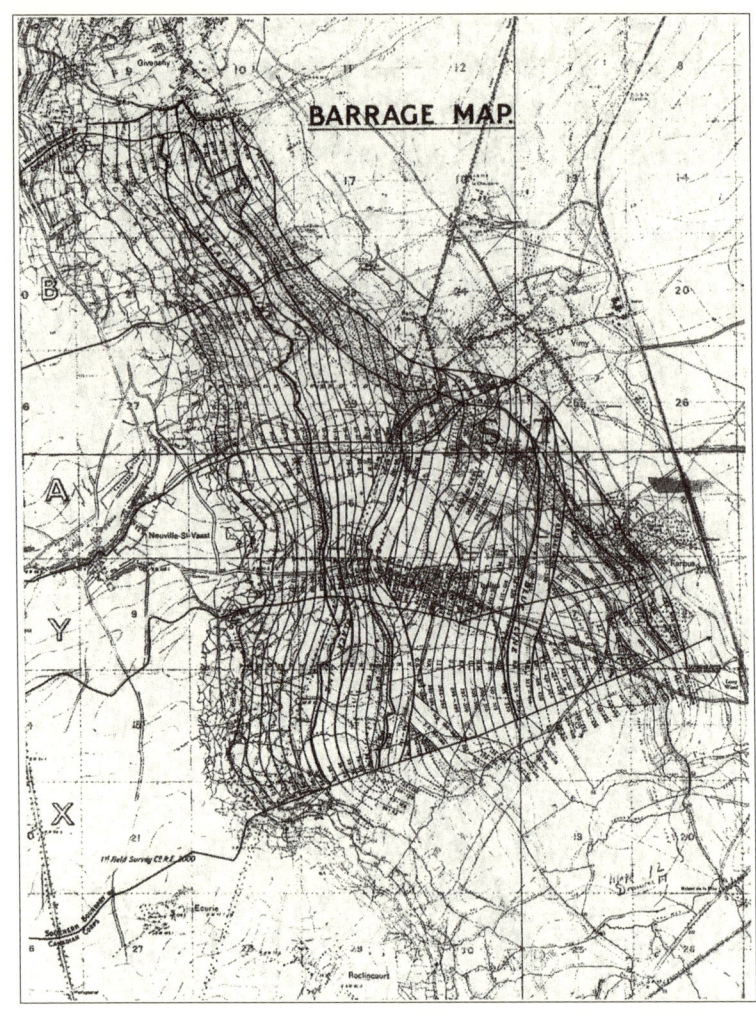

図2.1　第1次世界大戦中にイギリス陸軍によって作成された弾幕地図
出典：Black (1997), p153

士達は塹壕の中を移動していた。そのような状況の中で戦況に活路を開くものが、砲兵部隊と歩兵部隊の共同作戦であり、長距離砲による攻撃と地上を塹壕から塹壕へと前進する歩兵部隊との連携であった。そのためには、砲の着弾点の確認や弾道軌道の修正、集中砲火による攻撃などを行うため

の機能的な地図が必要になる。そのような目的のために作成されたのが、この弾幕地図である。

このように、地図の利用に際しては、その地図の作成者の意図や作成の目的を理解することで、何故特定の地理情報が取捨選択されているのか、あるいは、新たな情報が書き加えられているのかを理解できるようになる。

(3) 地図は記号のシステムである。

ある地域の地形図（国土地理院発行の地形図）と同じ地域の空中写真を比較すると、地形図には数多くの記号が使われているのに対して、空中写真には、そのような記号はない。空中写真の映像の中にある建物は、一体何であるのかは、一瞥しただけでは判別が困難であるのに対して、地形図の方では、その建物が学校であるのか、病院であるのか、あるいは寺院であるのかは、直ちに読み取ることができる。また、山地などでは、標高を示す三角点や水準点を利用して、かなり正確な標高を知ることもできる。基本地形図としての国土地理院の地形図と、空中写真や手書きの地図とでは、圧倒的な情報量の差が歴然としている。このような大量の情報量を圧縮しているのが基本地形図である。それゆえに、地表の記述を行う地誌においてこの基本地形図が多用されるのは当然のことといえよう。

ところで、この情報量の圧縮を可能にしているのが、地形図における記号によるコード化のシステムである。地形図に圧縮されている情報を解読するためには、予め決められているコード化のシステムを理解しなければならない。標高、距離、土地利用形態、公共施設などの建造物の位置と内容、幅員別の道路網やJRとそのほかの私営公営の区別をされた鉄道網などの交通網などすべて、一定の予め決められたルールに基づくコード化が行われている。地形図を読むためには、このコード化された情報（encoded information）を解読（decoding）しなければならないことになる。この記号化されたシステムの解読コードを理解しなければ、地図は読めないということになる。また、地図を読める、ということはこれらの記号化についての何らかの学習の結果である、ともいえる。

（4）地図を読むには予備知識が必要である。

地図を利用すること、あるいは、読むことには、解釈行為という利用者、読図者の側におけるイメージやメッセージの再構築作業が必要となり、そして、その解釈行為には、利用者、読図者のこれまでの経験や予備関連知識が大きな影響を及ぼすものと考えられる。例えば、小説を読む場合でも、一般読者と文芸評論家では、その読みの深さに相違が生じる。同じようなことが地図の読みにもあてはまる。

もう半世紀以上にもなる1956年に初版が発行された、アーミン・K・ローベック（Armin K. Lobeck）の古典的名著 *Things Maps Don't Tell Us: An Adventure into Map Interpretation*（『地図が我々には語らない事ども:地図解釈への冒険』）は、地図の世界の奥深さを教えてくれる。この本は演習形式で72の事例研究からなっているが、いずれも地図の背後にある地理的な知識や考え方によって、それぞれの地図の提供する地理的イメージやメッセージが解読されるというものである。

図2.2は、北フランスにおける河川のシステムとその配置である。この地図を見ると、パリを中心に、北、東、南の各方向から河川は集まっているように見える。北から時計回りに、オアズ川、マルヌ川、オーブ川、セーヌ川、ヤンヌ川、ロワン川の諸河川とその支流である。オーブ川以下の4河川はパリの東方で合流しセーヌ本流としてパリを貫流している。何故、このようなパリを中心とし、パリへと向かう河川のパターンが見られるのであろうか。

その理由は、パリとその周辺の地形に起因する。パリはケスタとよばれる地形によって特徴付けられる盆地のほぼ中央に位置している。図2.3の1は、パリ盆地が浅いお盆のような形をしていることを表している。この浅い盆地の中心へ向けて周囲の河川が合流しながら流れ込んでゆくことが図2.3の2によって表されている。それゆえに、マルヌ川とセーヌ川はパリにはいる前に合流し、オアズ川はパリの西方でセーヌ川と合流する。合流後、セーヌ川は水かさを増し蛇行を繰り返しながら西流し、北西フランスの沃野を流れ、やがて、ルーアンを経て、セーヌ川の河口の町ルアーブルでイギリス海峡にいたる。こうした河川のシステムのパターンは、パリ

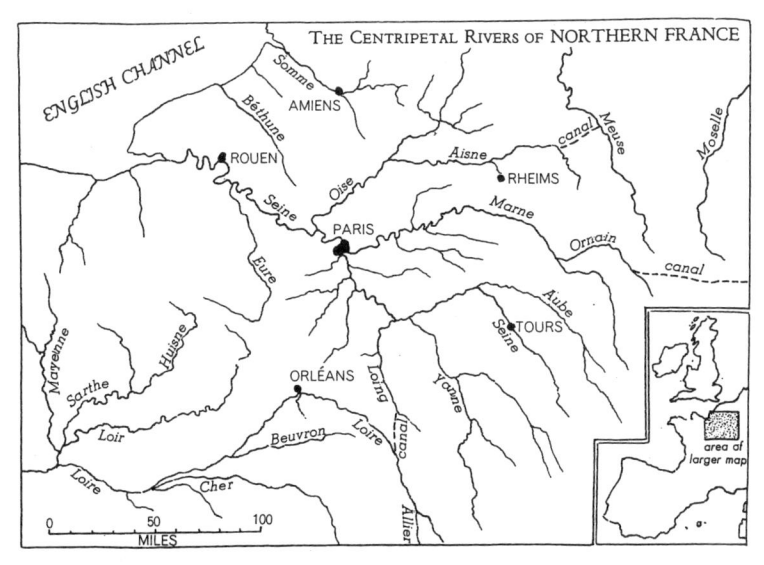

図2.2 北フランスにおける河川のシステムとその配置
出典：Lobeck（1956），p98

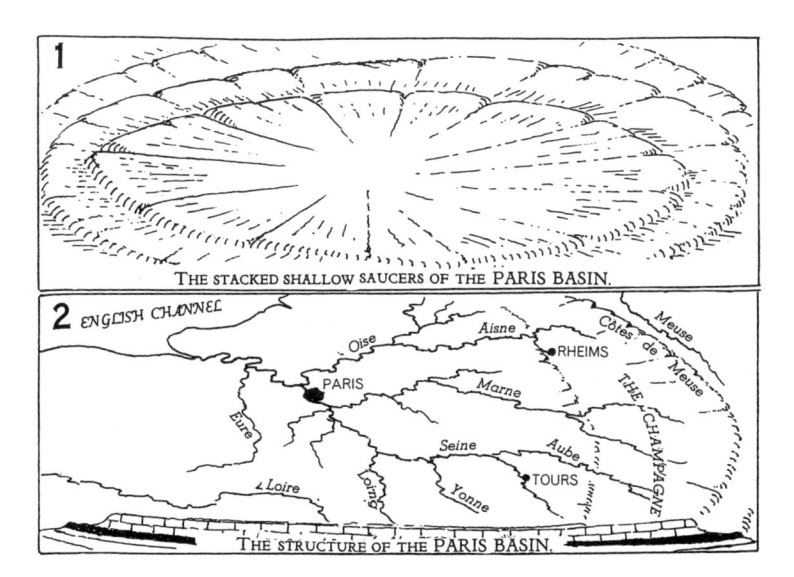

図2.3 パリ盆地
出典：Lobeck（1956），p99

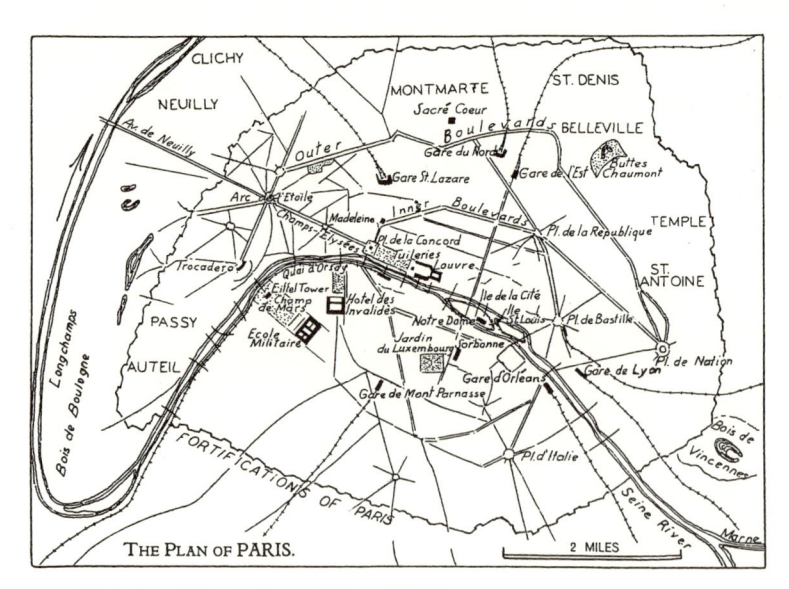

図2.4 パリの大まかな都市の構造図　出典：Lobeck (1956), p150

を水運に恵まれた結節点となし、古くから河川交通の要所としてきた。今でもパリ市の紋章が川面に浮かぶ帆船によって象徴されているのはそのためである。

　そのパリであるが、図2.4は、パリの大まかな都市の構造図である。パリは19世紀における都市大改造計画によって今日の都市の姿になったといわれるが、ローベックは、このうちブールバール（Boulevard）とよばれる大通りに着目する。特に、モンマルトルの丘の麓を走り、凱旋門の方面へと抜ける外側ブールバールは、図2.5に示されるように、かつてのセーヌ川の旧河道跡をなぞるように造られていることが図示されている。そして、現在のパリ市の大半はかつては、セーヌ川の氾濫原であったことも示されている。パリの都市構造と河川の関係は、観光案内書の地図からは窺い知ることはできない。だが、前述のパリ盆地における河川システムのパターンのことを考え合わせると、周辺の広域から盆地に集まる降水がセーヌ川を幾度となく氾濫させてきたことは容易に想像できることである。

　これらの点は、地図そのものに描かれている情報ではない。地図を読み、

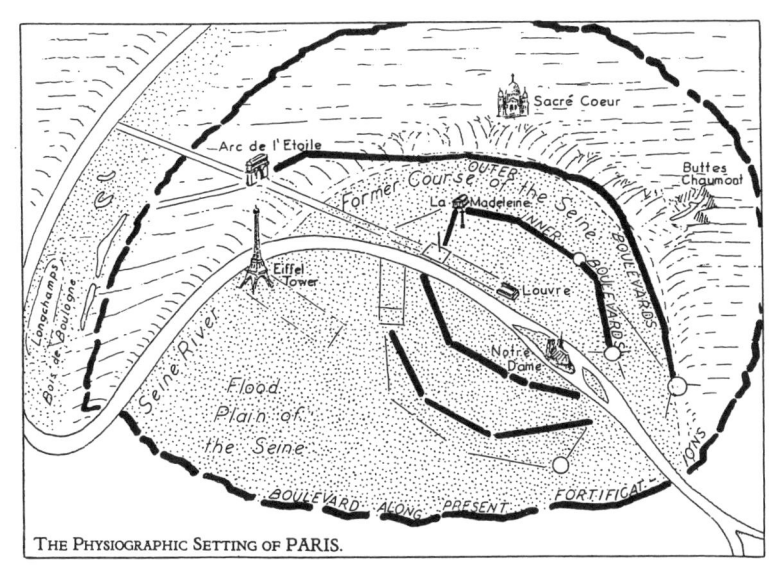

図 2.5 ブールバール　出典：Lobeck (1956), p151

解釈する側が既に持っている知識によって、地図に描かれているパターンの意味がより深く掘り下げられているという事例である。地図が語るのではなく、地図に触発されて、読み手が語るのである。

　もう1つ、地誌と地図との関係を表し、地図というメディアの特性を明らかにする例をあげよう。図2.6は、世界中のワイン産地の地理を集成したアトラスとして著名なヒュー・ジョンソン (Hugh Johnson) の The World Atlas of Wine (ワインの世界地図集成) の中のフランス、ブルゴーニュ地方の「黄金の丘 (The Cote d'Or)」とよばれる地域の地形と地質の詳細な模式図である。フランスのみならず世界でも最高級なワインの産地の1つであるこの地方はワイン作りに恵まれた自然条件の下にある。しかし、この「黄金の丘」のどこででも最高級ワインが生まれるわけではない。丘1つ違えば、できるワインに違いが生まれ、また、同じ丘でも斜面ごとにできるワインの品質に差が生まれる。それは、ワインを生む葡萄のできが、天候、地質、土壌、日当たり、などの要因の微妙な差に応じて異なっている

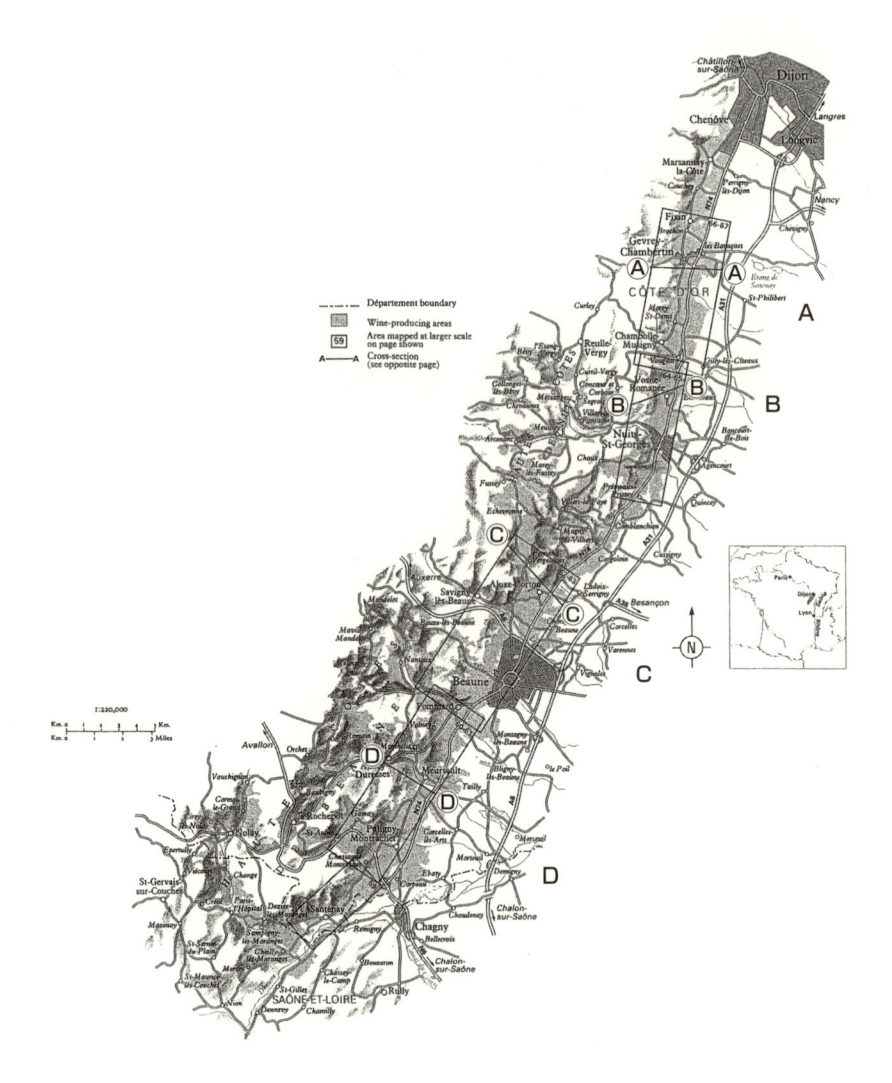

図2.6　世界中のワイン産地の地理を集成したアトラス
出典：Johnson(1994), p57

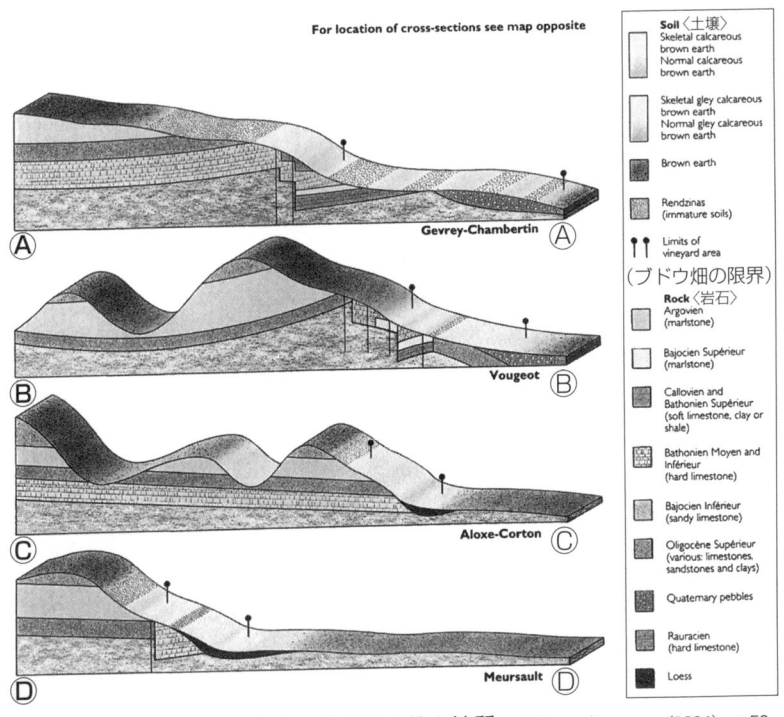

**図2.7 「黄金の丘」の主要な地域の土壌と地質**　出典：Johnson (1994), p56

ためである。図2.7のA～Dは「黄金の丘」の主要な地域の土壌と地質と詳細に記述したものである。これによって何故、丘の麓までブドウ畑が続いている地域と、丘の中腹にブドウ畑が限られている地域があるのかがわかる。そのことは眼に見える景観の差異となって、訪れるものの目に映ずるのである。

　これらの例からも分かるように、地誌における記述とは、地図の背後にある関連知識や情報によって、地図によって表されている地域の特質について、地誌の、そして地図の読み手に新たな地理的なイメージを喚起することに他ならない。

## 2−4 地図の冒険

　地図が、作成者の地理的イメージを、利用者の頭のなかに生き生きとした地理的イメージとして喚起させる媒体（メディア）であるとするならば、現実に存在する地表の記述にのみ限定されるものではないとしても驚くにあたらない。小説などに描かれる「どこにもない場所」であっても、作者は「場所」のイメージを読み手に喚起することで、地図コミュニケーションを効果的に活用することができる。

　図 2.8 は、大航海時代以降、興隆するユートピア文学の最初のものといわれる、トマス・モアの『ユートピア』（1516）の木版画の挿絵である。孤島として描かれているが絵であると同時に地図のようにも読める。こうしたユートピア文学の流れから、19 世紀になると科学技術の発展のなかから新たな冒険小説や、サイエンス・フィクション（SF）が生まれてくる。こうした小説は現実観を喚起するために地図コミュニケーションを利用するものも少なくない。20 世紀には、SF と並んで、ファンタジー小説も興隆し現代に至っているが、その代表作の一つが、トールキン（J.R.R. Tolkien）の『指輪物語（The Lord of the Rings）』であろう。図 2.9 は、トールキン自身の手になる物語の展開する舞台の地図である。

　地図コミュニケーションが、人間にとっての根源的なコミュニケーション形態であり、地図が、イメージを喚起する強力な媒体であることの証左であろう。

　地理学者のなかには、このような地図の持つ特性を活用して、複雑に入り組んだ人間事象や社会事象を、2 次元平面における空間的表現（spatial representation）として地図化を行うことで、対象事象の理解を深めようと試みるものも現れてくる。地表の記述としての地図ではなく、人間・社会事象の地図化である。

　図 2.10 は、現代地理学の泰斗であるイギリスのピーター・ハゲット（Peter Haggett）の『地理学者の技芸（The Geographer's Art）』のなかに紹介されているシェークスピアの『ロメオとジュリエット』の悲劇の空間の

VTOPIAE INSVLAE FIGVRA

2-4 地図の冒険

**図2.8 トマス・モア（1516）『ユートピア』の木版画の挿絵**
出典：谷川（2000），p37

地図化の例である。

悲劇『ロメオとジュリエット』には多くの登場人物たちの科白があるが、それらの科白を、誰が誰に対して言う科白かを、1つひとつ分析し、その科白の発せられる頻度によって、登場人物たちの関係性の強さを測定する。当然、多数の登場人物の間の関係性であるので、その関係性は、複雑かつ多次元となる。そこで多次元尺度法という多変量解析の統計的手法を用いて、多次元の関係を、最もひずみや変形が少ない形で2次元平面に投影す

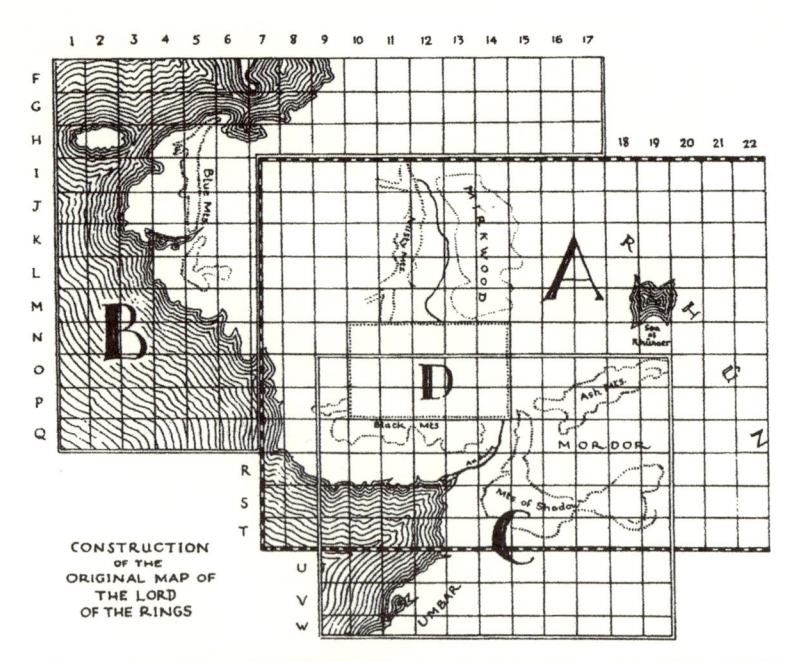

図2.9　トールキン『指輪物語（The Lord of the Rings）』の舞台の地図
出典：Wood（1992），p31

ると、図2.10（A）のような登場人物たちの分布図のようなものが得られる。この分布図には、それぞれの登場人物たちが点として布置されている。点と点の間の距離は、関係性の強さが表されている。

さらに、登場人物たちは、関係性の測度となった科白をそれぞれ発しているが、その頻度を各人物について表記し、その頻度をあたかも地図上の等高線のように同一頻度ごとの等頻度線によって囲っていくと、図2.10（B）のような地図が描ける。この「地図」をみると、最も科白の多いのは、やはりロメオであり、関係性の山の頂にいる。そして、その次は、当然のことながら、ジュリエットが続いている。さらに、ジュリエットに寄り添うように侍女（The Nurse）が付き従う。そして、脇役たちは山の裾野に散らばっている。

2-4 地図の冒険

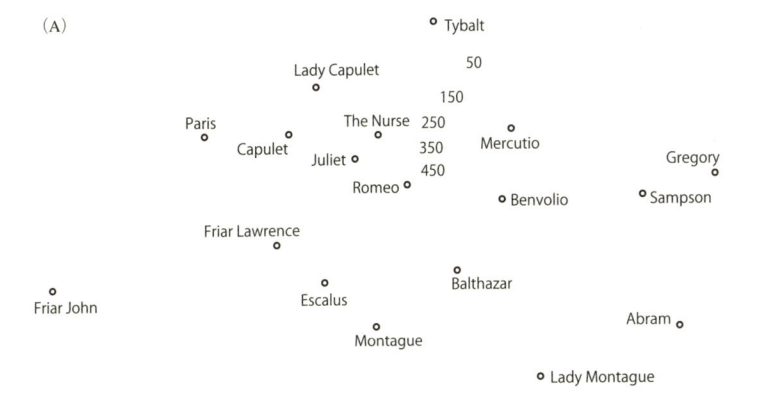

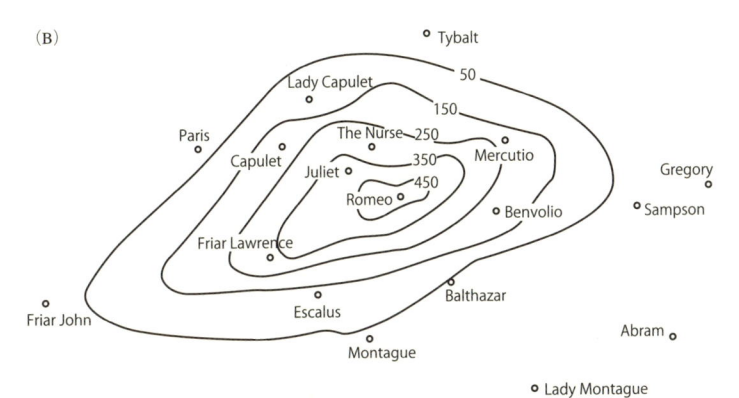

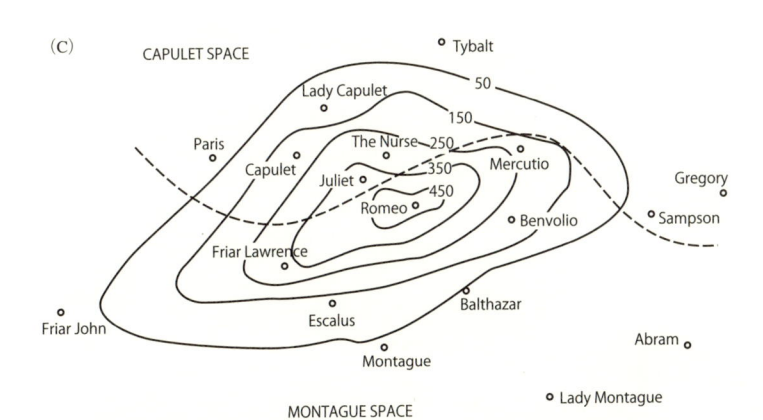

図2.10 『ロメオとジュリエット』の悲劇の空間の地図化
出典：Haggett (1990), p57

図2.10（C）は、登場人物たちを、悲劇の対立関係にある2つの家、すなわち、モンターギュ家とキャピュレット家のどちらに帰属するのかによって境界線を引いてみると、鎖線のように、山の中央に両家を分断する線が描かれることを示している。すなわち、複雑な人間模様を展開するこの悲劇の登場人物たちは、芝居全体を通して、融合することのない2つの陣営空間に分かれたまま、悲劇のクライマックスを迎えるのである。

　地表の記述ということから生まれた地図というメディアは、地誌にとって不可欠な媒体となった。それと同時に、複雑な事象の2次元平面上における可視化（visualization）、そして、可視化を通じてのイメージの効果的伝達という新たな可能性を秘めて進化し続けている。

【引用文献】

谷川渥（2000）『幻想の地誌学：空想旅行文学渉猟』ちくま学芸文庫
Black, Jeremy (1997) *Maps and Politics* Reaktion Books, London, 関口篤訳（2001）『地図の政治学』青土社
Gregory, Derek (1994) *Geographical Imagination*, Blackwell Publishers, pp70-205
Haggett, Peter (1990) *The Geographer's Art*, Basil Blackwell
Johnson, Hugh (1994) *The World Atlas of Wine*, Simon & Schuster New York
Lobeck, Armin K. (1956) *Things Maps Don't Tell Us: An Adventure into Map Interpretation*, The University of Chicago Press
Robinson, A.H. and Petchenik, B.B. (1975) "The Map as a Communication System", *The Cartographic Journal* Vol.12, No.1, pp7-15
Sauer, Carl O (1956) "The Education of a Geographer", *Annals of Association of American Geographers*, vol.46, pp287-299
Wood, Denis (1992) *The Power of Maps*, Routledge London

【参考文献】

伊藤俊治（1996）『ジオラマ論：「博物館」から「南島」へ』ちくま学芸文庫
金窪敏知（1991）『現代理論地図学の発達』大明堂
中野尊正編（1967）『地図学』朝倉書店
若林幹夫（2009）『増補　地図の想像力』河出文庫
Monmonier, Mark S. and Schnell George A. (1988) *Map Appreciation* Prentice Hall
Robinson, A.H. and Petchenik,B.B. (1976) *The Nature of Maps: Essays toward Understanding Maps and Mapping*, The University of Chicago Press, Chicago and London
Virga, Vincent (2007) *Cartographia: Mapping Civilization* Little, Brown and Company New York, 川成洋・太田直也・太田美智子訳『地図の歴史』東洋書林

Wilford, John N. (1981) *The Mapmakers*, Knopf New York, 鈴木主税訳（1988）『地図を作った人びと：古代から現代にいたる地図製作の偉大な物語』河出書房新社

# 第3章
# 自然地誌と地図

## 3−1 地形の成り立ちと人間活動
—地図に表現される自然と人間との関わり—

（1）地球規模の気候変化・海面変化

　過去およそ100万年間における地球規模の気候変化は、氷期・間氷期サイクルと呼ばれる寒冷期と温暖期の繰り返しで特徴づけられる。こうした気候変化については、19世紀から始まったヨーロッパや北米の氷河地形・氷成堆積物の調査ですでに明らかにされていたが、20世紀後半になって、グリーンランドや南極の氷河（氷床）を掘削して得られた氷床コアの酸素同位体比（$\delta^{18}O$）から、より詳細な気温変化が復元されるようになった。その結果、過去100万年間において、気温は約10万年周期、およそ10℃の変動幅で変化していることが明確になった。気候変化の中の寒冷期は氷期、温暖期は間氷期と、それぞれ呼ばれる。このうち、約11万年前〜1万5千年前までの最も新しい氷期を最終氷期と呼ぶ。また，その後の現在を含む温暖期は、後氷期と呼ばれる。なお、間氷期という名称は2つの氷期に挟まれている場合に使われ、最終氷期の前の約12万年前の温暖期が最終間氷期にあたる。

　一方、主に深海底堆積物の解析によって復元された海面変化曲線は、同じ期間の気候変化曲線とよく似た変化パターンを示す。すなわち、寒冷期と海面低下期、また温暖期と海面上昇期がそれぞれ対応している。最終氷期と後氷期について見ると、約2万年前の最終氷期の最寒冷期は最低海面期にあたり、現在より120m以上海面が低かったと推定されている。これ

に対して、後氷期の最温暖期である7千～6千年前は最高海面期に相当する。

気候変化と海面変化との間の因果関係は、次のように考えることができる。地球規模の気候変化は、特に氷河の消長に影響を与え、それによって氷河から融けだした融氷水の海への流入量が変わり、最終的には海面の変化につながる。さらに、気温変化は海水面の膨張・収縮による体積変化を引き起こすため、これによっても海面変化が起こる。したがって、気温が上昇することによって海面上昇が、また気温低下によって海面低下が起こると考えられる。

(2) 関東平野の地形と海面変化に伴う地形変遷

周辺を山地に囲まれた関東平野は、丘陵・台地・低地の地形要素から成り立っている（図3.1）。これらの高度の違いは形成された年代の違いでもあり、高度の高い地形から低い地形へと形成年代が新しくなる。このうち、台地は平坦部を多く残した地形で、数段の段丘に区分される。一方、低地は台地を侵食する河川沿いや海岸部に分布し、最も軟弱な地層から成る。丘陵・台地・低地は、それぞれ利根川、荒川、多摩川、相模川などの河川が運搬してきた堆積物（河成層）、および海岸・海底の堆積物（海成層）によって構成されている。これに加えて丘陵と台地では、河成層や海成層の上に、主に箱根・富士火山からもたらされた火山灰起源の関東ロームが堆積している。段丘群のうち、高い段丘ほど古い時代のローム層をのせている。台地の中で最も古いロームをのせる段丘は、最終間氷期に形成されたものと考えられる（図3.1の高位段丘）。一方、それよりも低い段丘は最終氷期に形成されたと推定されている（図3.1の中・低位段丘）。

地球規模の気候変化・海面変化に伴う過去約12万年間の関東平野における海岸線変化は、次のように復元される（図3.2）。

約12万年前の最終間氷期は温暖期かつ高海面期であったことから、広範囲で海岸線が内陸側に移動した（この現象を海進と呼ぶ）。この時期、関東平野の大半は海底にあり、海成層の堆積が進んでいた。図3.1で高位段丘として分類した地形は、この時期の海底面を土台に形成されたものが

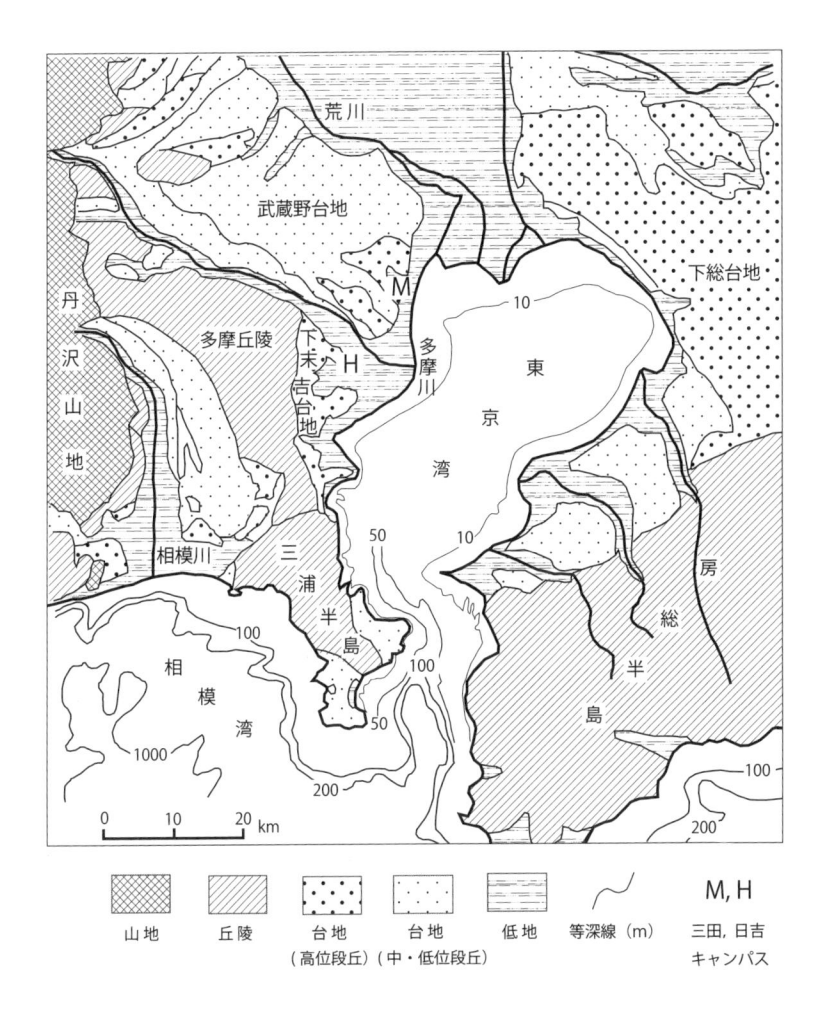

図3.1 関東平野の地形

多く、慶應義塾大学の三田および日吉キャンパス周辺の台地も、当時は海底であったと考えられる。

一方、最終氷期（約11万年前から1万5千年前まで）においては海面が低下し、およそ2万年前には現在よりも約120m低い最低海面期となった。これによって大規模な海退が起こり（海退とは、海岸線が沖合い側に移動する現象のことを指す）、現在の関東平野は陸化した。この時期の陸

約12万年前
（最終間氷期 最温暖期）

この当時の東京湾は，太平洋側に広く開いていた．

約2万年前
（最終氷期 最寒冷期）

現在の東京湾全体が陸化し，古東京川と呼ばれる河川が流れていた．

7千〜6千年前
（後氷期 最温暖期）

現在の海岸部の低地には，海が進入していた．

凡例：山地／平野（丘陵を含む）／海域／現海岸線／★ 東京

図3.2　過去12万年間における関東平野の古地理変遷
参考：日本第四紀学会編 (1987)

地は現在の海底にまで広がり、東京湾や九十九里浜沖、鹿島灘の海底も陸化していたことが明らかになっている。図3.1で中位段丘または低位段丘とした地形は、主にこの時期の河川の作用によって形成されたものである。

およそ2万年前以降、気温上昇に伴う海面の上昇によって再び海進が起こり、7千〜6千年前には現在の低地を中心とした沿岸部に海域が拡大した。日本では、この時期が縄文時代に相当することから、この海進を縄文海進と呼んでいる。この時期には、三田キャンパスが立地する台地の東側の低地は海底であり、三田キャンパスから南に続く台地の東縁には海食崖が形成され、現在の段丘崖となっている。また、日吉および矢上キャンパスが立地する台地間の低地や、日吉台地の南側の鶴見川低地、さらに日吉台地を刻む「まむし谷」にも海域が広がっていたものと推定される。

## (3) 東京の地形と遺跡分布

関東平野の中で、東西方向に長い東京都の地形は、西から東に向かって山地、丘陵、台地、低地へと移り変わっていく。ここでは、東京都の東部にあたる23区の一部を例にして、地形と遺跡分布との関係から、地形条件が人間活動にどのような影響を及ぼしてきたかを考える。

図3.3は、主に千代田区および中央区の地形と遺跡分布を示したものである。これによれば、皇居(旧江戸城)から西側には高位段丘が広がっている。段丘は侵食されて谷が樹枝状に入り込み、谷底には低地が分布している。皇居周辺の堀の中には、台地を刻む谷を利用しているものも多い。一方、神田川の谷沿いには中位段丘が分布し、一部の中位段丘の縁辺には低位段丘が見られる。

台地の東側、すなわち東京湾側には低地が広がっているが、その中で特徴的な微高地として、南北方向にのびる砂州があげられる。この砂州は、御茶ノ水駅周辺の中位段丘(「本郷台地」と呼ばれる)の南端部から南にのびており、神田、日本橋、銀座などは、この砂州上に立地している。この砂州は、「日本橋台地」と呼ばれることがある。沖積層基底等深線(沖積層とは、低地の表層を構成する地層を指す)の分布によれば(図3.3)、この砂州の地下では沖積層基底深度が周辺よりも浅い。このことは本郷台

3–1 地形の成り立ちと人間活動—地図に表現される自然と人間との関わり—

第3章 自然誌地と図地丘

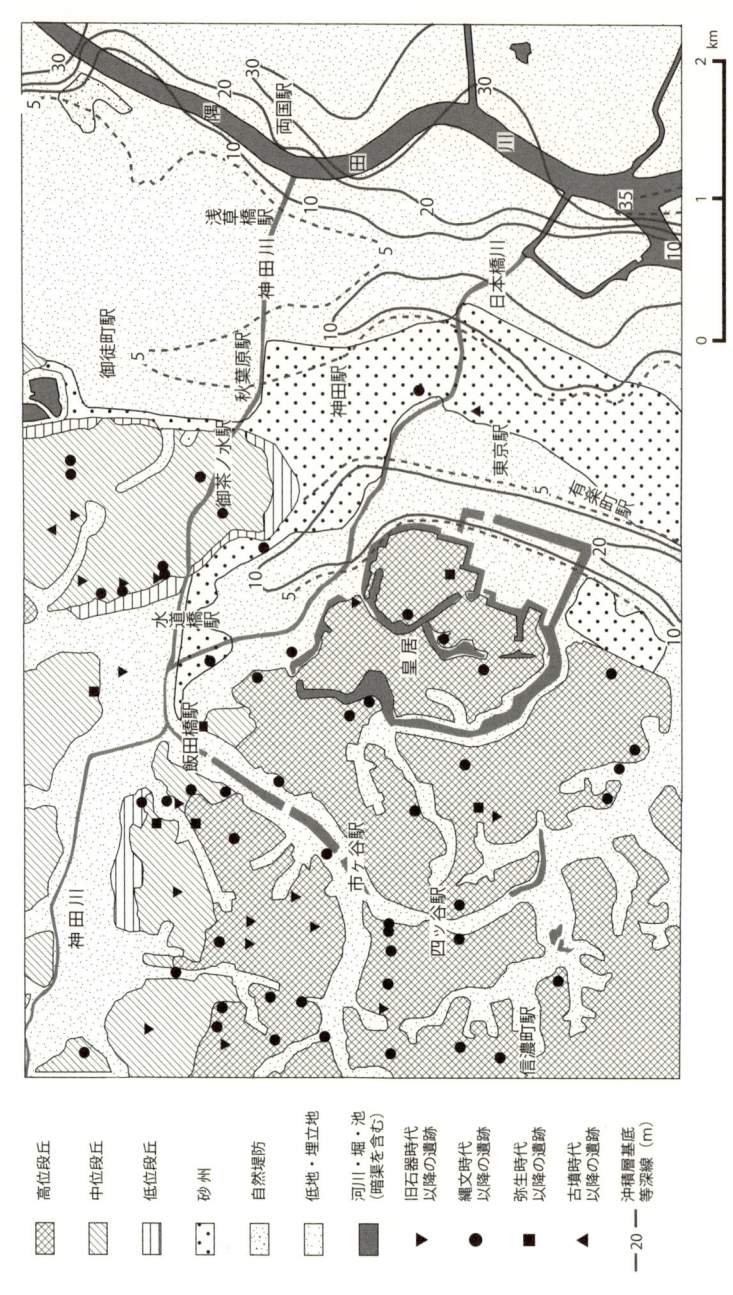

図 3.3 東京都東部（千代田区・中央区とその周辺）の地形と遺跡分布
参考：地形分類および沖積層基底等深線は，国土地理院発行土地条件図（1：25,000）「東京西北部」「東京東北部」「東京東南部」に基づいて作成．遺跡分布は，東京都（2008）『東京都遺跡地図』インターネット公開版に基づいて作成．地形分類で段丘が平坦地化された箇所や斜面については，段丘として分類した．

凡例：
- 高位段丘
- 中位段丘
- 低位段丘
- 砂州
- 自然堤防
- 低地・埋立地
- 河川・堀・池（暗渠を含む）
- 旧石器時代以降の遺跡（▼）
- 縄文時代以降の遺跡（●）
- 弥生時代以降の遺跡（■）
- 古墳時代以降の遺跡（▲）
- —20— 沖積層基底等深線 (m)

地の南方に、低地に埋没した台地が存在していることを示唆する。この埋没地形は、最終氷期以降の海面上昇期に形成された海食台が埋没したものと考えられている（貝塚，1979；松田，2009など）。したがって、南北方向にのびる砂州は、海食台を土台にして形成された地形であるといえる。一方、沖積層基底等深線の分布から、砂州の西側と東側には、それぞれ南北方向にのびる谷が存在することがわかる。このうち、西側の谷は砂州と皇居の間にあたり、もともとは入江だった場所である。江戸時代初期まで、この入江は「日比谷入江」、東側の砂州は「江戸前島」と、それぞれ呼ばれていた。また、本郷台地の東側から隅田川にかけての低地（御徒町駅周辺から浅草にかけて）も、沖積層基底の深度が浅いことから埋没海食台の存在が推定されており、「浅草台地」と呼ばれている（貝塚，1979；松田，2009）。

　港区周辺でも、高位段丘が広く分布している（図3.4）。渋谷川（下流部は古川と呼ばれる）は、この段丘を刻む谷底を流れている。段丘の東側には砂州が認められるが、これは縄文海進時に台地東縁部に南北方向にのびる海食崖下の波食棚を土台として形成されたものと推定される。

　以上のような地形的な特徴を先史時代の遺跡立地という視点でとらえると、先史時代の遺跡のほとんどは台地上に分布しており、台地の縁辺部に立地しているものが多い（図3.3, 3.4）。特に、貝塚は台地の東縁部に集中的に分布する傾向がある（坂詰，1987）。遺跡が台地上に分布していることは、この地域では、縄文海進期に海食崖（現在の段丘崖）の下、あるいは段丘を刻む谷の中にまで海水が進入していたという古地理（図3.2）を考えれば理解できる。さらに、遺跡の多くが台地の縁辺に近い場所から見つかっている理由としては、周辺に広がる海での漁労活動を行う上で適していたことや、段丘崖からの湧水や谷を流れる河川の水資源を得やすい場所であったことなどが考えられる。

　一方、低地で確認されている遺跡は、ほとんどが砂州上に分布する。これは、低地の形成過程の中で、砂州が海食台や波食棚などの基盤の高まりを土台にして発達し、周囲よりも早く離水したために、人間活動の拠点になりやすかったことを示している。

第3章 自然地誌と地図

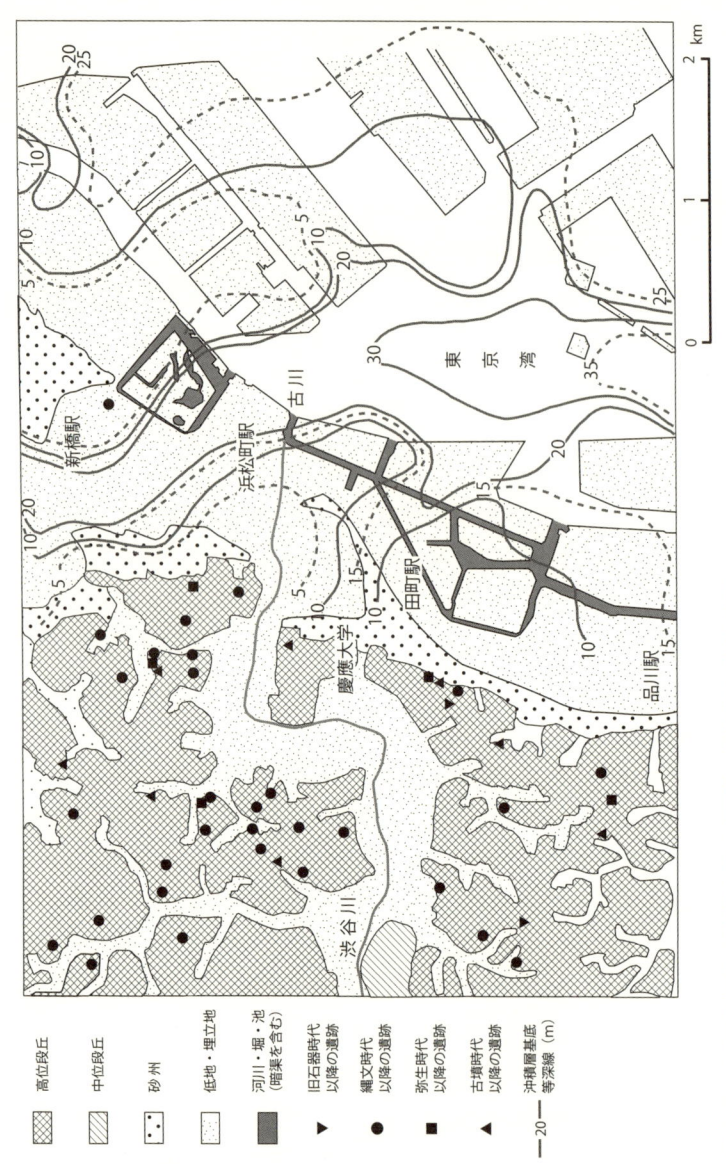

図 3.4 東京都東部（港区とその周辺）の地形と遺跡分布
参考：地形分類および沖積層基底等深線は，国土地理院発行土地条件図（1：25,000）「東京西南部」，「東京東南部」に基づいて作成．遺跡分布は，東京都（2008）「東京都遺跡地図」インターネット公開版に基づいて作成．地形分類で段丘が平坦地化された箇所や斜面については，段丘として分類した．

凡例：
- 高位段丘
- 中位段丘
- 砂州
- 低地・埋立地
- 河川・堀・池（暗渠を含む）
- 旧石器時代以降の遺跡 ▲
- 縄文時代以降の遺跡 ●
- 弥生時代以降の遺跡 ■
- 古墳時代以降の遺跡 ▲
- —20— 沖積層基底等深線 (m)

48

## （4）人間による地形の改変および土地利用の変化

（3）で述べたように、先史時代の人間活動は、地形的な制約から台地上を中心に展開してきた。これに対して、歴史時代、特に近世以降においては、人間による土地の改変が積極的に行われるようになった。図3.3、図3.4の台地東側に広がる低地から東京湾にかけての地域には、近世以降の干拓や埋め立てによって新たに造成された土地が広く分布する。

中でも、初期の段階で埋め立てられた場所の一つに「日比谷入江」がある。日比谷入江は、江戸城が立地する台地の東側に位置し、「江戸前島」と呼ばれる海側の砂州によって一部閉塞された水域であったと推定されるが、徳川家康が江戸に入府した1590（天正18）年以降、埋め立てられていった（松田，2009など）。家康は1592（文禄元）年に江戸城周辺の堀の掘削土を用いて日比谷入江の北部の埋め立てを行い、1603（慶長8）年には主に江戸城北部の台地から採取した土砂で日比谷入江の南部を埋め立てることによって、江戸の町の住環境を整えていった（遠藤，2004）。

明治時代には、東京湾内の航路の拡大と安全を目的にした湾内および隅田川河口付近の浚渫が行われ、そこから得られた土砂によって湾岸の埋め立て造成が進められた。さらに昭和になってからは、人口増加や経済発展に伴って、東京湾の大規模な埋め立てが進んだ（小池・太田編，1996；正井，2003；遠藤，2004）。一例として、三田キャンパスに近い東海道本線東側の芝浦地域を取り上げると、この地域は明治時代後期まで海であったが（中川編，2004）、1906（明治39）年〜1913（大正2）年の隅田川口改良第1期工事、および1911（明治44）年〜1920（大正9）年の隅田川口改良第2期工事に伴い、浚渫土砂によって埋め立て造成された地域である（遠藤，2004）。

低地を流れる河川の流路も、人工的に改変されてきた。例えば、現在の神田川の一部は江戸時代には平川と呼ばれており、元々の平川は日比谷入江に注ぎ込んでいたと推定されている（鈴木，1989；松田，2009）。現在の神田川は、ＪＲ水道橋駅付近の低地から御茶ノ水駅が立地する中位段丘へと東に流れているが（図3.3）、中位段丘を横切る流路は1620（元和6）年から始まった平川の河川改修の一環として人工的に掘削されたものであ

る。一方、中小規模の河川の中には、高度経済成長期を中心に埋め立てられたり、暗渠になったりしたものが多い（鈴木，1989；東京地図研究社，2006）。

## 3-2 自然災害と人間 ―地震災害を例にして―

(1) 地震災害

　地球上で発生する地震の分布には、顕著な地域性が見られる。中でも、環太平洋とユーラシア大陸南部は地震の多発地帯であり、世界で発生する主要な地震はこれらの地域のものである。

　日本列島は環太平洋地域に属し、世界の中でも特に地震が多い地域の一つである。日本列島とその周辺の地震分布は、太平洋側に集中する傾向が見られる。こうした太平洋の海底を震源とする地震の大半は、プレートの沈み込み境界に対応したものである。一方で、海底を震源とする地震のほかに、日本列島の内陸で発生する地震も多い。

　地震は、その発生場所およびメカニズムによって、2つのタイプに大別することができる。その1つはプレート境界周辺で発生する地震であり、もう1つはプレートの内部で発生する地震である。これらは、それぞれプレート境界地震とプレート内地震と呼ばれる。日本列島の場合、プレート境界の大半が海底の海溝やトラフとして存在していることから、プレート境界型の地震は海溝型地震とも呼ばれる。一方、プレート内地震は、内陸部の活断層の活動によって引き起こされるものが多く、内陸型地震と呼ばれることがある。

　地震の規模（マグニチュード）だけを見ると、プレート境界地震の方が大きい傾向が認められるが、地震動（震度で表される）による直接の被害という点では、プレート内の活断層による地震の方が大きくなる場合もある。また、日本におけるプレート境界地震、すなわち海溝型地震は、津波被害を引き起こすケースが多い。

　以上のように、地震発生のメカニズムや地震被害は多様であることから、地震防災にあたっては、地域ごとの過去の地震活動を整理し、それぞれの

地域で将来発生が予想される地震の特徴を明らかにした上で、防災体制を整えることが必要である。

(2) 都市部で想定される地震被害

日本の地震災害史において、最大の死者を出した1923（大正12）年9月1日の大正関東地震は、相模トラフ北端部を震源とするプレート境界地震であった。この地震は、マグニチュード7.9、最大震度はⅦと推定され、死者・行方不明者が10万人を超す関東大震災を引き起こした。死者の多くは、火災による焼死者であった（図3.5）。地震の発生からすでに80年以上が経過し、当時とは社会的背景や生活様式も大きく変わったため、都市部における将来の地震災害を想定する際に、関東大震災における被害をそのまま当てはめることはできない。しかし、過去の災害の実態を把握し、その原因を検討することは、地震に限らず、すべての防災の基本になることは言うまでもない。

図3.5には、大正関東地震における東京都市部の震度および死者数の分布が示されている。これを見ると、震度6以上の激しい揺れの地域は、図3.3、図3.4で示した低地に集中していることがわかる。具体的には、隅田川河口部左岸側の低地、神田川沿いの低地のほか、皇居東側の日比谷入江を埋め立てた地域などがあげられる。これらの地域では軟弱層が厚く堆積していることから、特に震度が大きくなったものと推定される。震度の大きい地域は低地に集中しているが、水域が埋め立てられるなどの歴史もあることから、現在の地形の凹凸だけでは判断できない、人工改変の過程も考慮に入れて防災対策を立てる必要があろう。

関東大震災で火災による被害が甚大であった理由として、木造家屋が密集していたこと、地震の発生が正午頃（午前11時58分）で火を使っている家庭が多かったこと、台風の影響で風が強かったことなどがあげられるが、これに加えて地震で木造家屋が倒壊したことが延焼をさらに拡大させたと考えられている。

関東大震災以降に発生した都市部における大規模な地震災害として、阪神・淡路大震災がある。阪神・淡路大震災の原因は、1995（平成7）年1

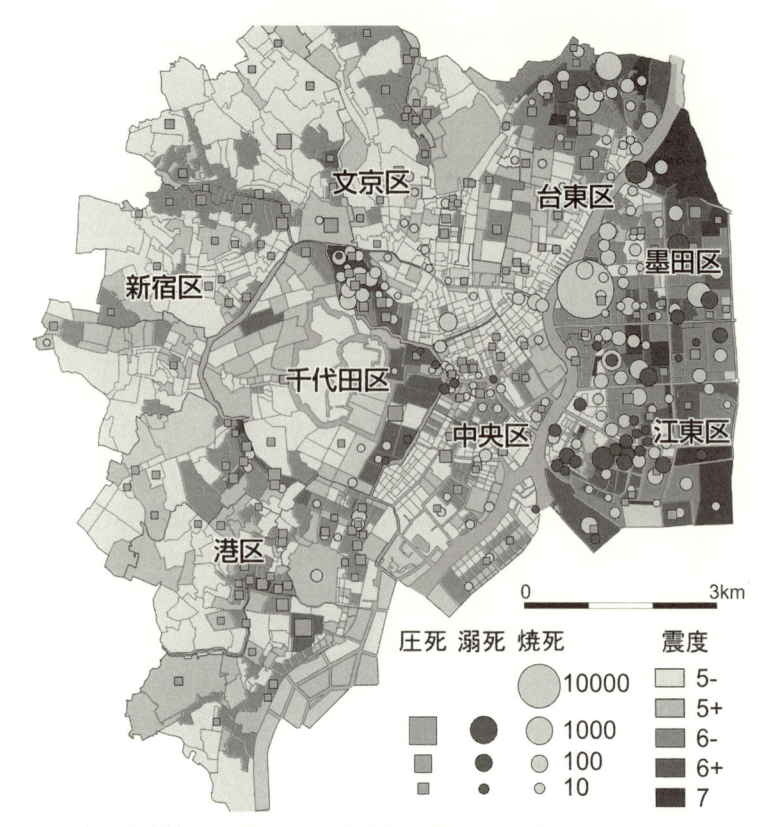

**図3.5 大正関東地震における東京都市部の震度および死者数の分布**
出典：歴史地震研究会編（2008）『地図にみる関東大震災』（財団法人日本地図センター発行）の図17（p.12）に区名を加筆.

月17日の兵庫県南部地震（マグニチュード7.3、最大震度Ⅶ）であり、プレート内の活断層の活動によって発生した、いわゆる直下型の地震であった。阪神・淡路大震災は6千人以上の死者を出す大災害となったが、死者の大半は圧死者であった。これは、震源となった活断層に近い地域で特に揺れが大きくなったことに加え、地震発生が明け方（午前5時46分）で就寝中に家屋の下敷きになった人々が多かったためといえる。

以上のように、地震による被害の大きさや特徴を決定づける要因として、地震そのものの規模のほかに、地域の自然および社会的特性（例えば、地

形、地質、人口密度、耐火・耐震の程度)、さらに地震発生の時間帯や気象状況などがあげられる。したがって、地震による被害を想定するためには、地震そのものの発生予測ばかりではなく、それぞれの地域が持つ属性や、土地の履歴を十分に把握しておくことが重要になる。

(3) 地震災害予測とハザードマップ

　地震被害の軽減を目的として、さまざまな地震ハザードマップが作成されている(章末参照)。これらは、紙地図として作成されているものもあるが、最近はインターネット上で公開されているものが増えている。
　このうち、2004年に完成し、毎年更新されている確率論的地震動予測地図(地震調査研究推進本部)の特徴は、従来のように、ある特定の地震(シナリオ地震と呼ぶ)のみの予測ではなく、ある地域において発生が予想される主な地震すべてを対象にして、地震動予測を確率で示した点にある。したがって、プレートの沈み込み境界で発生する海溝型地震に加えて、内陸の活断層を震源とする地震も想定の対象になっている。また、地震発生時期の予測についても、今までは「近い将来における発生の可能性」などのようなあいまいな表現であったのに対して、確率論的地震動予測地図では「今後30年以内」という具体的な期間を示している。地震発生の可能性を確率という数字で示したことがわかりやすい情報提供になったことは確かであるが、確率の数字が持つ意味などについては十分理解されているとはいえないため、よりきめ細かい説明が望まれる。
　ハザードマップの例として、内閣府がインターネットで公開している「表層地盤のゆれやすさ全国マップ」のうち、東京都の表層地盤のゆれやすさを図3.6に示した。この地図は、表層地質の持つ地震動に対する抵抗力の大きさに基づいて作成されたものである。これによれば、東京都の西部から東部へと山地、丘陵、台地、低地と移り変わる地形に対応するように、地盤のゆれやすさが増大していることが読み取れる。特に、東京湾沿岸の低地や台地を刻む谷底部では、ゆれやすさが大きいことがわかる。ただし、地震被害の規模は、表層地盤の持つゆれやすさだけで決まるものではなく、構造物の耐震化の程度や、避難経路・避難場所の確保、住民の防

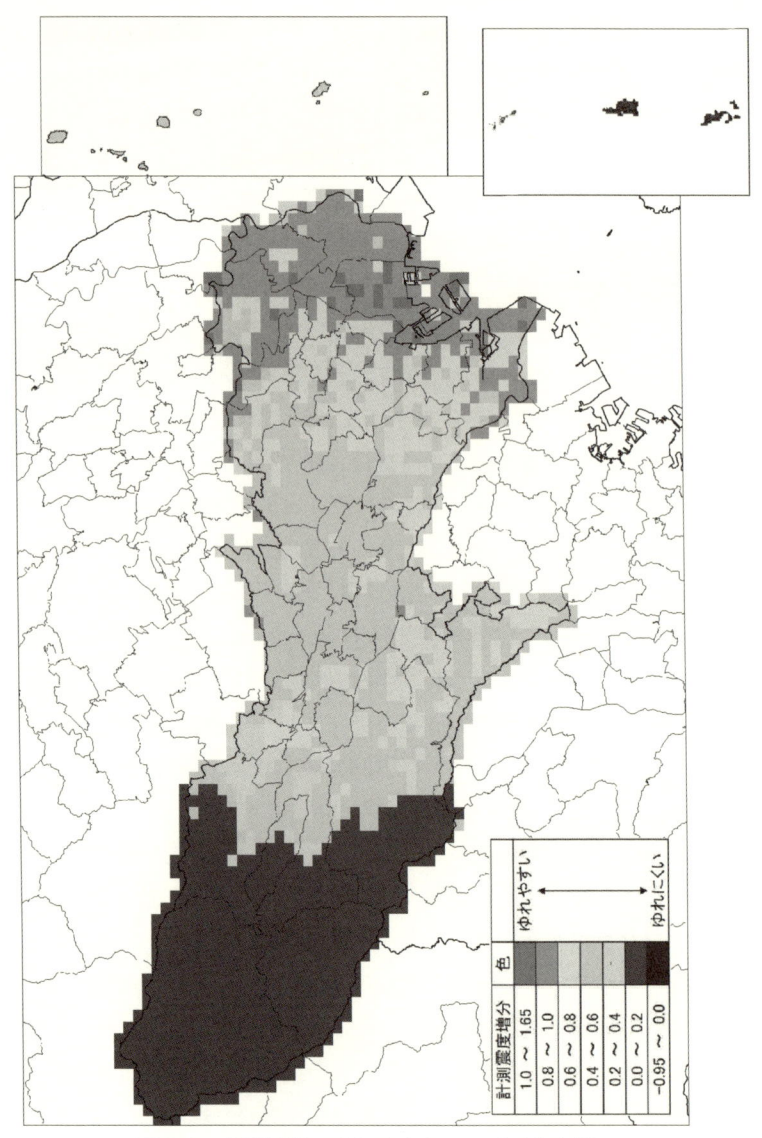

図 3.6 表層地盤のゆれやすさマップ（東京都）
出典：内閣府「表層地盤のゆれやすさ全国マップ」

災意識など、ハード・ソフトの両面での防災対策の状況に大きく左右される。

　地震防災の観点から見れば、ハザードマップを利用する側には、そこから情報を正確に読み取るための基礎知識や災害に対する認識が必要である。一方で、情報や研究成果を発信・提供する側にも、さまざまな場面でハザードマップの持つ意味や内容を正確に伝える工夫が求められる。

【引用文献・ウェブサイト】
遠藤毅（2004）東京都臨海域における埋立地造成の歴史．地学雑誌，113，pp785-801．
貝塚爽平（1979）『東京の自然史（増補第2版）』紀伊國屋書店
小池一之・太田陽子（編著）（1996）『変化する日本の海岸』古今書院
国土地理院（1980）『土地条件図（1：25,000）東京東北部』
国土地理院（1980）『土地条件図（1：25,000）東京東南部』
国土地理院（1981）『土地条件図（1：25,000）東京西北部』
国土地理院（1981）『土地条件図（1：25,000）東京西南部』
坂詰秀一（1987）『日本の古代遺跡　東京23区』保育社
鈴木理生（1989）『江戸の川・東京の川』井上書院
東京地図研究社（2006）『「東京」の凹凸地図』技術評論社
東京都（2008）『東京都遺跡地図』インターネット公開版
　　　http://www.syougai.metro.tokyo.jp/iseki0/iseki/
内閣府:表層地盤のゆれやすさ全国マップ
　　　http://www.bousai.go.jp/oshirase/h17/yureyasusa/
中川恵司（編著）(2004)『DVD-ROM版　江戸明治東京重ね地図』エーピーピーカンパニー
日本第四紀学会（編集）(1987)『日本第四紀地図』東京大学出版会
正井泰夫(監修)(2003)『図説　歴史で読み解く東京の地理』青春出版社
松田磐余（2009）『江戸・東京地形学散歩　－災害史と防災の視点から[増補改訂版]』之潮
歴史地震研究会（編集）(2008)『地図にみる関東大震災』日本地図センター

【参考文献】
石橋克彦（1994）『大地動乱の時代 ―地震学者は警告する』岩波新書
伊藤和明（2002）『地震と噴火の日本史』岩波新書
伊藤和明（2005）『日本の地震災害』岩波新書
大矢雅彦（編著）(1994)『防災と環境保全のための応用地理学』古今書院
大矢雅彦・木下武雄・若松加寿江・羽鳥徳太郎・石井弓夫（1996）『自

然災害を知る・防ぐ　第二版』古今書院
貝塚爽平（1977）『日本の地形　—特質と由来—』岩波新書
活断層研究会（編集）(1991)『［新編］　日本の活断層』東京大学出版会
国土地理院（1996〜）『1：25,000　都市圏活断層図』日本地図センター
寒川旭（1992）『地震考古学』中公新書
寒川旭（2007）『地震の日本史—大地は何を語るのか』中公新書
寒川旭（2010）『秀吉を襲った大地震—地震考古学で戦国史を読む—』平凡社新書
杉浦章介・松原彰子・武山政直・髙木勇夫（2005）『人文地理学—その主題と課題—』慶應義塾大学出版会
高村弘毅（2009）『東京湧水　せせらぎ散歩』丸善
武村雅之（2008）『地震と防災—"揺れ"の解明から耐震設計まで』中公新書
中田高・今泉俊文(2002)『活断層詳細デジタルマップ』東京大学出版会
中田高・今泉俊文（監修）(2005)『日本の活断層地図「関東甲信越，静岡・福島・仙台・山形」,「北海道・東北・新潟」,「中部・近畿・中国・四国・九州」』人文社
松田時彦（1995）『活断層』岩波新書
松原彰子（2008）『自然地理学—自然環境の過去・現在・未来—（第2版）』慶應義塾大学出版会

【主な地震ハザードマップの検索ウェブサイト】
国土交通省ハザードマップポータルサイト
　　　http://www.gsi.go.jp/geowww/disapotal/index.html
地震調査研究推進本部（文部科学省研究局　地震・防災研究課）
　　　http://www.jishin.go.jp/main/index.html
地震ハザードステーション（J-SHIS）
　　　http://www.j-shis.bousai.go.jp/

# 第4章
# 写真と都市空間の地誌

## 4-1 写真の誕生と都市

(1) 都市化と地誌メディアの拡充

　19世紀の産業革命以降、都市人口の増加と都市域の拡大が急速に進んでいる。2005年の国勢調査によれば、わが国では人口の3分の2が、国土面積の3%に過ぎない人口集中地区（DID）に集中している。そして、国際連合人口部によれば、2008年末に世界人口の過半数が都市部に居住しており、2050年には91億人に達する世界人口の3分の2が都市人口で占めるものと予測されている。

　都市空間の歴史の中では、開発と再開発が絶えず行われている。特に、日本では、建物の耐震性などの問題もあり、ヨーロッパの諸都市のように、築数百年の建物が残されることは極めてまれである。東京の街並みは、江戸時代の度重なる火災や関東大震災、東京大空襲により、たびたび灰燼に帰している。都市の景観は千変万化であり、多くは記憶の隅に追いやられてしまう。

　都市の地誌的な記録は、文献やメモなどの文字メディアだけでなく、絵画、スケッチ、版画、写真、映画、ビデオカメラなど画像、映像メディアを通じても多く残されてきた。中でも、19世紀以降の都市空間を記録する上で、重要な役割を果たしてきたのは写真である。写真の歴史は、産業革命を契機とする近代の都市化の動きと軌を一にしている。

　今日では、一方でグローバル経済の下で、都市空間は全地球規模で拡大を続けている。他方、情報通信技術の革新の結果、無数の写真が街角で

日々記録され、また無名の一個人がそれを公開し、そして世界中からアクセスが可能となっている。メディアの拡充により、誰もが都市の地誌の記録者たり得る環境の下にある。その中で、写真の果たす役割は大きい。

(2) 写真の発明と街角の記録

　写真が発明されたのは、19世紀初頭である。フランス人のジョセフ・ニセフォール・ニエプスは、ヘリオグラフィという技法を用いて、自宅の窓の外の風景の撮影に成功した。そして、1839年にルイ・ジャック・マンデ・ダゲールにより、ダゲレオタイプとよばれる銀板写真による撮影技法が確立した。当時の撮影技法では、長時間の露出が必要とされるため、人物写真の撮影には困難が伴った。その点、動きの少ない風景は、当初から写真の格好の素材であった。

　写真の発明により、街角の景観が写真に記録されるようになった。その中でも、シャルル・マルヴィルのパリの記録写真は、資料的価値が極めて高い労作である。19世紀半ばのパリは、街路が細く入り組み、路上のいたるところに下水が垂れ流され、悪臭の漂う劣悪な衛生環境にあった。1853年にセーヌ県知事に就任したジョルジュ＝ウジェーヌ・オスマンは、ナポレオン三世の意向を受けて、パリ市内の都市改造を断行した。オスマンのもとで、凱旋門広場から放射状に伸びる道路や、シャルル・ガルニエ設計のオペラ座などが建設され、同時に上下水道の整備も行われた。その結果、パリは衛生的で近代的な街並みに変貌を遂げた。オスマンの依頼により、工事前と工事後の変化を市内の各地で記録し続けたのが、マルヴィルである（図4.1）。

　その後、湿板写真から乾板写真へと新たな撮影技法が相次いで登場すると、ランドマークはもとより、裏路地の風景や行き交う人々、物売り、ショウウインドウ、果ては浮浪者に至るまで、パリ人の日常生活にカメラが向けられるようになる。20世紀初頭のパリの街角を記録したウジェーヌ・アジェもその1人である。さらに、35mmロール・フィルムを用いた小型カメラ「ライカ」の登場により、アンリ・カルティエ＝ブレッソンをはじめ、ジェルメーヌ・クルル、アンドレ・ケルテス、ブラッサイ、ロベール・

**図4.1　19世紀のパリの街角**　撮影：マルヴィル，出典：Marville（1994）

ドアノーといったカメラマンが活躍するようになる。彼らの残した写真は、いわゆる名所旧跡の絵葉書的映像ではなく、フラヌール（遊歩者）としてあてどなく徘徊する中で、街角の何気ない日常に焦点をあわせたものである。このような、パリとパリ人を主題とする一連のストレート写真（ソフトフォーカスではなく、物事を鮮明に撮影した映像）のことを、今橋映子は「パリ写真」と呼んでいる（今橋, 2003）。

（3）　幕末・明治の風景写真

　江戸時代には、浮世絵や屏風絵などを通じて、都市の風景が記録に多く残されている。歌川広重の「名所江戸百景」をはじめとする浮世絵は、大胆な構図ゆえに、記録としての正確さに欠けているものの、そこに描かれたランドマークなどを通じて、当時の人々の空間認識を読み取ることができる。また、日本橋界隈の賑わいを生き生きと描いた「熙代勝覧」などを見ると、当時の江戸庶民の生活の息遣いが十分に伝わる。

　日本に写真技術が輸入されたのは、幕末期である。それ以降、日本の景

第4章 写真と都市空間の地誌

図4.2 三田綱坂　撮影：ベアト，所蔵：横浜開港資料館

観は、写真という新たなメディアによって記録されるようになった。まず、フェリーチェ・ベアトをはじめウィリアム・ソンダース、チャールズ・パーカーなどの外国人写真家により、日本各地の風景の撮影が行われた。明治に入ると、下岡蓮杖、上野彦馬、横山松三郎、内田九一、日下部金兵衛といった、日本人の写真家が活躍した。その中には、「横浜写真」と呼ばれる外国人向けの写真集や絵葉書のように、多くの人々の目に触れるものもあれば、個人のアルバムの中に収められ、人知れず散逸してしまったものもある。

　図4.2は、ベアトにより撮影された大名屋敷の1枚である。港区立港郷土資料館の松本健により、写真正面の坂は東京都港区の三田綱坂で、右手に写されている屋敷は肥前島原藩松平家下屋敷であると立証されている。今日、この一角は慶應義塾大学三田キャンパスとなっている（図4.3）。両者を比べてみると、周囲の建物の姿はまったく異なるにもかかわらず、綱坂の地形それ自体はほとんど変化していないことが読み取れるだろう。

　近年、写真の資料的な価値が見直されている。だが、学問的な資料として意識的に残されるものは決して多くない。ベアトが残した大名屋敷の写

図 4.3　三田綱坂　撮影：著者，2009 年 12 月 16 日

真の中には、監視の一瞬の隙を見て撮影したものもある。攘夷の渦中にある幕末期において、外国人が風景写真を撮ることは、命の危険と常に隣り合わせであった。また、撮影日時や場所に関する記録が乏しいため、撮影地点を探り当てることは困難を伴う。ベアトの三田綱坂の写真のように、幕末期に撮影された写真の中で、現在の位置が特定できるものは極めて少ないのが現状である。

## 4-2　地誌メディアとしての地理写真

(1)　地理写真とは

　地理写真とは、地理情報を資料として残すことを意図して撮影されたものである。この分野の第一人者である石井實は、地理写真を「地理的に意味のある事象や場所の把握や地表現象の分析に利用」するための「科学的論証の証拠として、十分な地理的内容を備えている写真である」と定義している（石井，1988）。地理写真は、空中写真や衛星写真のように、一定の基準のもとで撮影されるものと、風景写真のように、主観的、恣意的に

撮影されるものに分類される。そして、我々が日常的に撮影可能なものは後者である。

　1950年代を代表する写真集成である『岩波写真文庫』の編集に携わった写真家の名取洋之助は、写真とは文字と比べて「あいまいな記号」であると指摘している。1枚の写真には、多くの情報が詰め込まれている。それゆえに、読む人の経験や感情、興味などにより、同じ写真でも様々な解釈が可能であるからである。

　写真を撮るということは、眼前の景観のある一部分を切り取る行為である。それは、単に構図だけでなく、カメラのレンズ（広角か望遠か）にも左右される。同じ場所の写真でも、構図の違いによりまったく異なる印象を受ける場合がある。地理写真とは、地誌的な記録を残すことを主眼としている。従って、地理写真の撮影の際には、漠然と撮るのではなく、「地理的な諸要素から構成されている場所をどのように見るか、そしてそれをどのように写真に表現するか」（石井，1988）を意識することが求められる。さらに、資料として後世に伝えるために、撮影した地点、年月日、時間等を記録することが、地理写真には不可欠である。

（2）　定点写真と都市空間の変容
　地理写真の表現手法としては、1枚の写真で表現するものだけでなく、あるテーマに関する複数の写真を並べて見せる「組み写真」、左右の風景をつなぎ合わせる「パノラマ写真」などがある。同じ場所の変化を時系列で記録する「定点写真」もその一つである。同じ地点の写真を2枚ないしそれ以上並べてみることで、地域の変貌を比較して理解することが出来る。マルヴィルが残したパリの写真は、その典型的なものであり、工事前、工事中、工事後と3種類の写真を撮影することで、失われたパリの姿を後世に伝えている。地理写真としての定点写真には、記録の正確性を期すために、「同じ地点、同じ方向、同じアングルで撮影」することが要求される（石井，1988）。

　定点撮影の対象として、ランドマークを目印とすることが多い。アメリカの都市計画家のケビン・リンチが指摘するように、ランドマークは都市

図 4.4　東京スカイツリーの定点写真を掲載したウェブサイトの事例
　　　　出典：中日新聞，東京新聞 web 「スカイツリー成長記，定点観測フォトギャラリー」
　　　　http://www.tokyo-np.co.jp/article/feature/skytree/

の空間認識において重要な視覚的要素のひとつであり、地理写真において格好の撮影対象となる。エッフェル塔、東京タワーといったひときわ目立つランドマークでは、建設前から完成に至る過程が定点写真として残されている。中でも、中西元男らによる西新宿の超高層ビル群の建設記録は、35年の長きにわたり同じ場所、アングルから撮影された労作である。

　今日では、定点写真を撮ることに対する敷居は低くなっている。一方で、情報通信技術の革新により、それらの撮影と公開が容易になっている。他方で、撮影の格好の対象となる再開発が各地で行われている。現在建設中の東京スカイツリーに対して、マスメディアやプロカメラマンのみならず、無名の一個人が定点撮影を試み、そしてそれをインターネット上で公開している（図 4.4）。

（3）　宮本常一と写真

　地理学に限らず、その土地の景観や風俗などを記録するメディアとして、写真は多くの分野で活用されてきた。民俗学者の宮本常一も、そのツールとして写真を積極的に活用した一人である。宮本は、三田綱町の渋沢敬三邸の一角に設けられたアチック・ミューゼアム（屋根裏博物館）を拠点に、73年の生涯に合計16万キロ、延べ日数4,000日にも及ぶ旅を通じて、10万点にも及ぶ膨大な写真を残している。15巻におよぶ『私の日本地図』のシリーズはその成果の1つであり、写真を豊富に掲載した日本地誌の記録と言える。日本の各地を自分の足で歩き続けた彼は、山里や離島の日常のみならず、家並みや駅、市場といった都市空間の記録も多く残している。

　残念ながら、彼の写真には、撮影場所や日時といった情報を欠くものが少なくない。その点で、彼の残した写真は、地理写真としては不完全なものである。しかし、宮本の写真術には、学ぶべき点が多い。

　宮本は、通常の2倍のコマ数が撮れる、ハーフ版カメラの「オリンパス・ペン」を愛用した。彼は、写真を撮る心得として、「あっと思ったら写せ、おやっと思ったら写せ」と指導したと、長男の千春は語っている。宮本（1967）自身も、「まったくのメモがわりのつもり」でカメラを用いていると述べている。宮本にとって、写真を撮るという行為は、記録に残すことが主眼であり、芸術性は二の次であった。例えば、宮本は、移動中の車内からも、窓越しの風景を写真に残しているが、ピントのぶれや影の映りこみがあるものも少なくない。芸術写真や報道写真としてはおよそ使い物にならないものであるが、当の本人は「メモがわりだからそれでもいい」と割り切っている。フィールドノートにペンで記録を残すように、宮本はカメラを活用したといえる。

　宮本が写真を駆使した時代は、ピントや露出の調整などの撮影技術のほかに、フィルム1本あたりの撮影可能な枚数や、フィルムや現像にかかる費用などの点で、写真を撮影する上で様々な制約があった。そのため、撮影者には、何を撮るべきかについての的確な判断が常に求められていた。「あっと思ったら写せ、おやっと思ったら写せ」ということは、おいそれと出来ることではなかった。

ところが、デジタルカメラの登場により、我々はそれらの制約から解放された。ピントや露出の調整は自動化され、1枚のメモリに最大で数千枚もの写真を記録することが出来る。地理写真に不可欠な情報である撮影日時も、自動的に記録される。GPSを活用すれば、緯度、経度という位置情報を残すことすら可能である。メモがわりに写真を用いることに対して、少なくとも技術的・金銭的な敷居は低くなった。問題は、どのような姿勢でカメラを向けるのかである。

(4) 地理写真は芸術か？

　記録としての「地理写真」には、芸術性や表現力は必要条件ではない。むしろ、それらの巧拙を競うことは、地誌的な情報を記録する妨げにもなり得る。宮本(1967)は、「フラッシュもたかず、三脚もつかわず、自分で現像するのでもなく、いわゆる写真をとる楽しみというようなものも持ってはいない」と語っている。そのような宮本の写真に対して、写真家の荒木経惟は「作家意識がない、写真にしようなんて思ってない」点を評価している。このような評価は、石井實の写真にも共通している。石井の写真に対して、彼の教え子でもあるカメラマンの荒木泰晴は、「時間と手間」をかけたアマチュアゆえに説得力を持つと指摘している。

　アマチュアの強みは、構図やシャッターチャンスをあれこれ考える前に、撮りたいものをその場で写すことができる点である。必要なのは、何気ない日常の風景に対して「おやっと」感じるという好奇心である。携帯電話にカメラ機能が搭載されることで、我々は毎日、カメラを持ち歩くことが可能となった。はっと思った風景に対して、カメラを向けることに対する抵抗感も薄くなっている。

　たとえ移動中の車内あっても、会話やゲームに興じるのではなく、窓外の風景に常に関心を持ち、あっと思ったら無心にシャッターを切る。地理写真に求められるのは、そのような作業を、手間と時間をかけてじっくり積み上げていくという行為と、芸術性にとらわれ過ぎない、良い意味でのアマチュア感覚である。宮本が語るように、はっとしたときに、メモ感覚で撮影を積み重ねるうちに、「一人の人間が自然や人文の中から何を見、

何を感じようとしたか」(宮本, 1967) がわかるものであり、その積み重ねの中で「記録として残る」写真が生まれるのである。

## 4-3 都市空間の記録と記憶

### (1) 都市と広告

都市の景観にカメラを向ける際、建築物をはじめとするランドマークに焦点をあてる構図が多い。だが、都市空間を構成するものは、ランドマークのような目立つものだけではない。むしろ、服装や広告、看板、サインといった、一見見過ごしがちな、目立たないものも重要である。

今和次郎は、服装をはじめとする「モノ」に着目して、都市風俗を記録に残した代表的な人物の一人である。今が編纂した「大東京案内」は、彼が吉田謙吉とともに唱えた考現学の手法を用いながら、銀座、浅草、新宿、上野、渋谷などの盛り場をはじめとする都市空間を記録し、モボ・モガが闊歩する東京の風景を今に伝えている。

都市の風景写真には、様々なメディアが写しこまれている。これらのメディアは、その時代背景を示すものであり、そこから当時の風俗・習慣を読み取ることが出来る。また写真が撮影された時代を特定する証明にもなる。中でも広告は、時代を映す鏡でもある。

ニューヨークのタイムズスクエア、ロンドンのピカデリーサーカス、銀座4丁目交差点といった商業の一等地には、多くの企業広告が掲げられている。都市空間の視覚的な要素の1つであるノード（結接点）は、広告メディアにとって、多くの人々の目に留まる格好の場所である。そして、広告を時系列で見ると、その時代を代表する企業の変遷が判る。永らくタイムズスクエアの一等地に掲げられていた GM の広告が2009年に取り外されたことは、企業の栄枯盛衰を物語る象徴的な事例である。

高度消費社会の都市空間において、広告は欠かせない要素である。我々は、「風景の中に広告があるのではなくて、広告が風景となっている」(北田, 2001) 中で、日々の暮らしを営んでいる。そのような広告は、あえて意図的に「見る」存在ではない。そのため、都市空間における広告の存在

を、ともすれば軽んじがちである。しかしながら、広告は、時代を映す鏡であるものもあれば、時代を通じて変わらぬ存在もある。

　石井實の一連の定点写真を見ると、都市空間における変わらないものを読み取ることが出来る。図4.5および図4.6の2枚の写真は、石井が定点写真の読解のために引き合いに出すものの一例で、JR山手線の恵比寿駅前の50年間の変貌振りを、定点撮影により比較したものである。戦災の傷跡が残る風景（図4.5）が、今日ではビルが林立する賑わいを見せており（図4.6）、一見すると恵比寿駅前の姿は大きく変貌したように見える。だが、これらの写真の左側を見ると、両者ともに不動産屋の看板が写っている。このことから、不動産屋が同じ場所で50年も営まれていることがわかる。同時に、1950年代における不動産屋の目玉は「土地」であったのに対して、今日では「アパート、マンション」がその中心であることが読み取れる。また、図4.5の電信柱に掲げられているカメラ店の看板から、当時の写真店の地位の高さも伺える。

　高度経済成長期以降、都市の景観は、画一的な広告で覆い尽くされるようになる。郊外や地方の幹線道路では、大型ショッピングセンターやコンビニ、ファミレスが立ち並び、サラ金や全国チェーン店の看板が氾濫している。そこは、三浦展が「ファスト風土」と呼ぶ、一目見ただけではそこが何所であるか判別できない、没個性化した景観となっている。地域固有の歴史や風土性を喪失した空間は、他の同様の空間と代替可能な存在でしかない。人々が主体的に生きる場所ではなく、資本の論理の中で生かされている空間である。

（2）　都市空間のレプリカ

　東京のオフィス街の代名詞である丸の内は、わずか150年の間に大きく変貌した都市空間の1つである。江戸時代には大名屋敷が立ち並んでいた丸の内一帯は、「一丁倫敦（ロンドン）」と称される煉瓦街、コンクリート造りの「一丁ニューヨーク」を経て、今日では1980年代に構想された「丸の内マンハッタン計画」という再開発プロジェクト名に象徴される、高層ビルが林立する街並みへとその姿を大きく変えた。

図 4.5　恵比寿駅前
撮影：石井寛，1952 年ごろ，出典：石井實（2001）
『写真集・東京：都市の変貌の物語 1948－2000』KK ベストセラーズ

図 4.6　恵比寿駅前
撮影：石井寛，2000 年 12 月 28 日，出典：石井實（2001）
『写真集・東京：都市の変貌の物語 1948－2000』KK ベストセラーズ

　図 4.7 および図 4.8 の 2 枚の写真は、いずれも丸の内初のオフィスビルである、ジョサイア・コンドル設計の三菱一号館を撮影したものである。図 4.7 は明治時代末期に撮影されたもので、行き交う人々の服装や自動車などから、当時の風俗を読み取ることが出来る。それに対し、図 4.8 は現

図 4.7 丸の内界隈
撮影：小川一真，1910 年ごろ，所蔵：石黒敬章

図 4.8 丸の内界隈
撮影：筆者，2009 年 12 月 16 日

在の姿であり、背後には高層ビルがそびえており、丸の内の高層化の一端が見て取れる。

　ところが、2枚の写真に写されている三菱一号館は、実は同一のものではない。三菱一号館が竣工したのは、1894（明治27）年である。その後、高さ約15メートルに統一されたレンガ造りのオフィスビルが相次いで建

設され、この一帯は「一丁倫敦」と呼ばれていた。だが、レンガ造りのビルは、次第に近代的なオフィスビルに建て替えられた。そして、高度経済成長期におけるオフィス需要が高まる中、三菱一号館も1968（昭和43）年に、惜しまれつつも解体を余儀なくされた。図4.8に写されている建物は、実は2009（平成21）年に、都心再開発の目玉として、背後にある高層ビル（丸の内パークビル）と併せて復元されたものである。

今日の日本人の4割程度は、一号館のオリジナルの姿を知らずに育った世代であり、その解体と復元の間には、40年近くの記憶の断絶がある。だが、一号館の解体後に建設された三菱商事ビルを想起する者は、おそらく少数であろう。それに対して、一丁倫敦と呼ばれた丸の内を象徴する三菱一号館は、丸の内オフィス街のブランドイメージを高めるランドマークとして不可欠であり、それは記憶の断絶すら超越する存在価値を持つ。

現在、丸の内周辺の再開発の一環として、東京駅を竣工当時の姿に再現する工事が行われている。1914（大正3）年に竣工した、辰野金吾設計の中央停車場（東京駅）は、丸の内を象徴する建築の1つである。だが、赤レンガ造りの駅舎は、1945年の東京大空襲により、特徴ある丸ドームなどが被災した。そのため、八角形の屋根に復旧し今日に至っている。

今日の東京駅と復元後の東京駅の、どちらが真の姿であろうか。4人に3人が戦後世代の今日、八角形の屋根こそ東京駅の姿であると認識するものが多数である。にもかかわらず、他方において失われた丸ドームへ郷愁を感じるのも事実である。前者は、戦後世代にとっては「真の姿」であるものの、実は原型とは似て非なる紛い物でしかない。後者は、オリジナルの姿であるにもかかわらず、レプリカとしてしか存在し得ない。

レプリカとオリジナルのどちらが重要であろうか。建築学的な価値からいえば、オリジナルが重要なのは言うまでもない。だが、高度消費社会に暮らす我々にとって、都市空間そのものが消費の対象になっている。その中で、単に保存を訴えるだけでは説得力に乏しい。詰まるところ、人々が暮らし、消費活動を行う場としての都市空間としてふさわしいものは何かという点に行き着く。

## (3) 都市空間の原風景

　樋口忠彦は、人間には2つの種類の風景があると述べている。1つは「心の中の風景」であり、自分の故郷や子供のころなどの、心の中に懐かしく抱いているものである。それらは、「原風景」として心の中に深くとどめられる。そして、もう1つは「眼前の風景」である。それらは、日々変化し、移ろいやすいものである。そして、現実の風景よりもイメージとしての心の中の風景に価値を置くために、我々は時代とともに風景が変化するという事実をなかなか認めようとしないと指摘している。

　我々は、原風景に対する郷愁を常に抱いている。特に、団塊の世代の原風景である「失われた昭和」を懐かしむように、失われた都市空間の保存や再現が、全国各地で盛んになっている。例えば、東京都青梅市では町興しの一環として、昭和30年代の映画の看板が旧青梅宿の商店街の至る所に掲げられ、レトロな雰囲気をかもし出している。

　また、失われた空間を無縁な場所に再現するケースもある。埋立地の臨海副都心の一角に、台場一丁目商店街が設けられている。そこでは、昭和30年代を追体験する場として、当時の風景を再現している。また、映画「ALWAYS　三丁目の夕日」のように、コンピュータ・グラフィックス（Computer　Graphics：CG）を活用して、当時の街並みを再現した作品が上映され、ブームを巻き起こしたものもある。この映画がヒットした背景の1つに、映像を通じて失われた原風景を追体験できる点があるといえる。

　だが、そのような空間はあくまで「擬似的」なものであり、ステレオタイプの原風景に過ぎない。例えば、そこに掲げられた看板は、広告としての機能は全く果たしていない。広告は、単に過去を懐かしむための装置として存在するのみである。都市空間に埋め込まれたメディアは、その時代背景を解く手がかりではあっても、メディア本来の機能は失われている。

　昭和30年代ブームは、「心の中の風景」へのこだわりの現れであるともいえる。一方で経済効率性を優先するあまり、躊躇することなく古い町並みや日常生活を壊しながら、他方で過去への郷愁からそのことを後になって批判する。今日の生活水準や利便性は、昭和30年代よりもはるかに向上したにもかかわらず、失われたものに対する郷愁が、貧しく不便であっ

た過去を過大に評価しがちである。

　確かに、経済効率を優先するあまり、歴史的に形作られてきた空間を安易に取り壊す態度は慎まなければならない。だが同時に、都市空間は人々の営みの積み重ねの上につくられる以上、新たに生まれた都市空間を頭から否定すべきでもない。今日のパリの街並みも、19世紀の度重なる都市改造の上に成立したものである。失われたパリの風景は、写真というフィルターを通じてこそ美しく見えるものであり、そこからは悪臭漂うパリの現実を感じることはできない。そして、完成当時は非難の嵐であったエッフェル塔も、今ではパリには欠かせないランドマークとなっている。

　エドワード・レルフは、景観とは「世界のしくみや世界を改良する方法にいての確固たる思想と信念に基づいて形成」されたものであると述べている。都市景観は「合理的であると同時に人間的」でもあり、「人間の意思を表現しており、深層の奥深くに意味が埋め込まれている」ものとして解釈することができる。それは、より良い生活を希求した、そこに生きる人々の営みの証である。

　宮本常一が『民俗学の旅』の終章で指摘するように、「進歩の名の下に、切り捨ててしまったものも多い」のもまた事実であり、新しいものがすべてよいとは限らない。だが、進歩を希求する限り、我々は常に取捨選択を求められている。我々がなすべきことは、時に立ち止まり、われわれが歩んだ道を振り返ることである。そのことで、「多くの人がいま忘れ去ろうとしていること」を掘り起こすことができる。地理写真は、「進歩のかげに退歩しつつあるものをも見定めてゆく」ための礎でもある。

（4）　都市空間の「記憶の島」

　都市化の波は、開発途上国にも及んでいる。国際連合人口部によれば、2050年には世界全体の約6割にあたる53億人が開発途上国における都市人口で占められると推計される。中国の上海は、グローバル経済の下で開発と再開発が同時進行している都市の代表格である。一方で浦東新区を筆頭に市内各地では超高層ビルの建設ラッシュであるが、その反面、庶民の生活の場は跡形もなく取り壊しが進んでいる（図4.9）。日本が高度経済

図4.9　上海の失われた都市空間　撮影：筆者，2007年8月1日

成長期に歩んだ道のり以上に、世界各地で急速に都市空間の変貌が進んでいる。その中で、過去の風景の多くは、記録に残されることもなく、人々の記憶からも消し去られることになる。

　宮本常一は生前、「写真は記憶の島」と語ったという（宮本，2005）。宮本が撮影した写真は、彼の生誕の地である山口県周防大島町文化交流センターにおいて、データベース化の上インターネット上で公開されている。また、石井實の写真も、国立歴史民俗博物館において資料化と活用を目指しプロジェクトが進行中である。

　情報技術の発展により、多くの写真が記録しかつ公開されている。今日では、写真という静止画像だけでなく、ビデオ撮影された動画も公開が容易にできるようになった。YouTubeなどの動画投稿サイトをはじめ、インターネット上では動画も氾濫している。確かに、ネットでの公開それ自体は容易であるが、写真や動画を維持・保存することはそれ以上に困難である。無数の都市空間の記録が積み重ねられる中で、地理写真としての資料性を兼ね備えた写真が、「記憶の島」として後世にどれだけ継承されるであろうか。

【引用文献】

荒木経惟（2005）「「風景」というより「情景」だね」宮本常一（2005）『宮本常一　写真・日記集成』附録所収

荒木泰晴（1989）「映像のプロとアマチュア」石井實（1989）『地と図－地理の風景－』所収

石井實（1988）『地理写真』古今書院

石井實（1989）『地と図－地理の風景－』朝倉書店

石井實（2001）『写真集・東京：都市の変貌の物語 1948-2000』KKベストセラーズ

石黒敬章編（2001）『明治・大正・昭和　東京写真大集成』新潮社

今橋映子（2003）『＜パリ写真＞の世紀』白水社

北田暁大（2000）『広告の誕生：近代メディア文化の歴史社会学』岩波書店

今和次郎（1929）『大東京案内』中央公論社

名取洋之助（1963）『写真の読みかた』岩波書店

中西元男（2006）『脈動する超高層都市、激変記録35年：西新宿定点撮影』ぎょうせい

樋口忠彦（1981）『日本の景観』春秋社

松本健（1997）「フェリックス・ベアト撮影『高輪・薩摩屋敷』への疑問－幕末写真の撮影地点についての一考察－」『研究紀要』4，港区立港郷土資料館

三浦展（2004）『ファスト風土化する日本：郊外化とその病理』洋泉社

宮本千春（1981）「世間師の学」日本生活学会『生活学会報』18号，pp.55-63

宮本常一（1967）『私の日本地図　1天竜川にそって』同友館

宮本常一（1978）『民俗学の旅』文藝春秋

宮本常一（2005）『宮本常一　写真・日記集成』全3巻，毎日新聞社

Lynch, Kevin (1960) *The Image of the City*, MIT Press, 丹下健三・富田玲子訳（1968）『都市のイメージ』岩波書店

Marville, Charles (1994) *Paris, Marville*; Présenté par Marie de Thezy, en collaboration avec Roxane Debuisson, Hazan.

Relph, Edward (1987) *The modern urban landscape*, Croom Helm, 高野岳彦・神谷浩夫・岩瀬寛之訳（1999）『都市景観の20世紀：モダンとポストモダンのトータルウォッチング』筑摩書房

【引用ホームページ】

周防大島町　宮本常一データベース
http://www.towatown.jp/database/

国立歴史民俗博物館
http://www.rekihaku.ac.jp/research/joint/2009/chiri.html

東京新聞　スカイツリー成長記
http://www.tokyo-np.co.jp/article/feature/skytree/

【参考文献】

石井實（1999）『地理の風景：古代から現代まで』大明堂

エメェ・アンベール（2004）『絵で見る幕末日本』茂森唯士訳，講談社

オギュスタン・ベルク（1990）『日本の風景・西欧の景観　そして造景の時代』篠田勝英訳，講談社

小沢健志（1997）『幕末・明治の写真』筑摩書房

鹿島茂（1993）『パリ時間旅行』筑摩書房

斎藤多喜夫（2004）『幕末明治　横浜写真館物語』吉川弘文館

佐野眞一（2001）『宮本常一が見た日本』日本放送出版協会

宮本常一（2001）『空からの民俗学』岩波書店

柳田國男（1976）『明治大正史世相編』講談社

Bajac, Quentin (2001) *L'image revelee:l'invention de la photographie*, Gallimard, 遠藤ゆかり訳（2003）『写真の歴史』創元社

Benjamin, Walter (1931) "Kleine Geschichte der Photographie", *Gesammelte Schriften* II-1 (1977), pp368-385, Suhrkamp. 久保哲司編訳（1998）『図説　写真小史』筑摩書房

Harvey, David (2003) *Paris, capital of modernity*, Routledge, 大城直樹・遠城明雄訳（2006）『パリ　モダニティの首都』青土社

Loyrette, Henri (1985) *Eiffel, un ingénieur et son œuvre*, Office du Livre., 飯田喜四郎,丹羽和彦訳 (1989)『ギュスターヴ・エッフェル:パリに大記念塔を建てた男』西村書店

# 第5章
# 映画から学ぶ地誌的な視点

## 5−1　はじめに

　地誌とは、ある地域について、自然環境の側面や人文的な側面など、多角的な側面から記述することで特定地域に対する理解に向けた試みと考えられる。そのためには、地域の情報を可能な限り多く取り上げることが求められる。そして、これらの情報をその地域に対する知識を持たない人に対していかに正確に伝えるかが重要となる。この点に着目すると、文章による記述に加えて、映像、音声といった情報を加えることで、地誌的記録・表現がより充実する。この考えのもとでは、動画と音声を合わせて記録し、多くの人々が鑑賞する機会を提供する映画は、地誌を表現する重要なメディアと考えることができる。

　この章は以下の構成で書き進めることにする。まず、映画の発達について簡潔にまとめることでそのメディアの特徴を把握する。そして、映画の特徴と地誌的観点からいくつかの映画を取り上げることを行い、その意味について考える。

## 5−2　映画の誕生と発展

　映画に関する簡単な定義を行うならば、物語性のある内容を動画で記録して、映画館のスクリーンで上映することで人々に鑑賞する機会を提供するメディアだと言える[1]。そして、このメディアは、一般には1895年のリュミエール兄弟のシネマトグラフの発明をその起源として計算すると、

100年以上の歴史を持っている。

　もちろん、映画は動画を記録するメディアとして突然変異的に誕生したのではない。もともと、動画記録の歴史を調べてみると、カメラオブスクーラなど短時間の動画記録はすでに行なわれていた。ただし、それらは、例えば馬の走る様子を撮影するとか、鳥の羽ばたきの様子を記録するといった身の回りの一瞬の事象を記録する単純な「見世物」にとどまっていた（吉見・水越，1997）。

　「見世物」的な要素を持つ映画の出発点として、普通の人々が体験することができない世界各地の様子を動画を記録するという試みがなされた。リュミエール兄弟はシネマトグラフの発明後、世界中の映像記録を集めるべく、数多くのカメラマンを世界中に派遣して映像を収集したのである。[2]

　映画の初期は、当時の技術的制約から多くの動画は1本当たり数十秒程度にとどまっていた。

　その後、映画の技術的進歩により記録時間は延びることによって映画の持つ可能性は増大した。それは、物語性の獲得である。これは、初期の映画が単なる見世物的な瞬間の動画メディアだったのに対して、一貫した物語を表現するのに足るメディアとして成長したことを意味する。したがって、単なる一瞬の事象の記録にとどまらず、人々の生活風景を記録したり、それらの内容を編集することで、物語を表現することが可能になったのである。

　映像に加えて音声も記録可能になったことは一大変化であった。この技術的進歩によって、映画は単に動きのある表現を記録するだけでなく、会話や周囲の音を付加できるようになったことを意味する。この技術は1920年代にフィルムの一部に音声情報を追加する技術を開発することにより実現した。この結果、映画は記録メディアとしてより大きな可能性を持つことになった（Gronemeyer，1998）。

---

1）もちろん、今日では、ビデオ作品やテレビ放送などの形で様々な形で動画を提供するメディアが存在するが、今回は、動画メディアの代表として映画を取り上げることにする。
2）日本最古の動画記録はリュミエールの命を受けたガブリエル・ヴェールとコンスタン・ジレルによって1897年から1898年にかけて撮影された映像である（蓮見，2007）。

音声記録だけでなく、映像が含む情報量は大きく増加した。元々は白黒映像による記録だったが、カラーで記録可能になり、色彩に関する情報も記録可能になったのである。この進歩によって今日我々が日常的に観る映画の形式となったと言える。

観客に対してより多くの情報を与える試みは、現在も絶えず行われている。音響面ではステレオ化やサラウンド化を行い、映像面では近年のコンピュータ・グラフィックス（Computer Graphics：CG）の活用や、3D化の試みが行なわれている。

## 5−3 メディアとしての映画の特徴

映画の特徴について、メディアとしての特性に着目すると次にあげる点について考えることができる。

まず、現代の大半の映画は、色彩の付いた動画と音声を合わせて、人間の五感の複数の部分に同時に訴えかける表現となっている。つまり、映画を観賞する観客に数多くの情報を伝達することが可能なことを意味している。しかし、単に、聴覚と視覚の両方に同時に働きかけるメディアというだけでは、演劇などにも見られる共通点であり、映画のみの特徴と言い難い。

映画が演劇などと比べて大きく異なっている点は、その作品が複製可能なメディアで展開される点である。演劇は生（ライブ）で行われるものであり、たとえ同じ演目を演じたとしても、全く同じということはあり得ない、瞬間の芸術である。一方、映画はフィルムなどのメディアに一度記録され、複製された上で広く上映される。このことによって、上映施設のある限り、世界中のどこででも体験することが可能であるし、特定の時間に制約されることもない。これは、複数回、複数の場所で上映を行うことが容易なメディアを用いているということである。

映画が複製メディアであることは、作品の制作に大規模な予算をかけることを容易にした。一度の上映のために投資可能な金額は大きな制約が生じる。しかしながら、複数回の上映で投資分を回収すればよいのならば、

制作に多額の予算をかけることが可能になる。このように、多額の予算をかけて制作できることは、複製メディアで広く世界中で展開する映画ならではの特徴であり、その制作体制のもとで、物語が展開する舞台についても作りあげることが可能になる。

## 5-4　映画の分類

### (1) ドキュメンタリー映画と一般の劇映画

　映画はその種類からドキュメンタリー映画と一般的な劇映画に分類することが可能である。ドキュメンタリー映画とは、実際に起こっている事象について映像にて記録し、その内容をもとに制作者の主張のもとで再構成することで作品としてまとめ上げられた映像作品である。したがって、ドキュメンタリー映画は、映像記録としての側面が強い作品となる。

　一方、一般的な劇映画とは、一貫した物語を持ち、その内容に沿って俳優が演じる、今日の商業映画の大部分を占める映像作品である。ここでは、実在する場所の記録性はドキュメンタリー映画ほど高くない。それは、表現の中心は物語を伝えることだからである。しかしながら劇映画は資料価値が低いということを直ちには意味しない点には注意が必要である。それには2つの理由がある。

　まず、物語を撮影する時に、背景に映っている風景自体に記録的価値が存在する場合があることである。例えば、昔の映画で背景として映っているものがすでに失われた風景であった場合、その風景が記録されていること自体が貴重な情報となる。

　もう1つは、物語に説得力を持たすために、緻密な考証の下でその舞台となる場所を再構築することで観客に貴重な情報を提供することにつながる点がある。例として歴史劇を考えてみれば分かりやすい。我々はタイムマシンがあるわけでないため、古代の様子については想像をするにとどまってしまう。ところが、映画などで、緻密な考証がされたものならば、その映画の中の風景はある程度はその歴史的な事実を反映したものである。

（２）スタジオ撮影とロケーション撮影

　一般的な劇映画では、舞台となる場所に関する情報は、映画の内容に説得力を持たせるための世界観を提供するものにすぎない。映画撮影の現場で取る方法は、スタジオ内部で撮影をするスタジオ撮影を中心とした制作方法と、舞台となる場所を選定し、その場所の協力を得て現場での撮影を行うロケーション撮影を行う2種類に分類される。

　スタジオ撮影は、物語性のある映画を製作するようになってから長らく主流を占める方法である。これは技術的な観点と、制作上の観点から長所を指摘できる。技術的な観点としては、記録媒体の制約に対応する。初期のフィルムはその性能の問題で、強い光をあてないと、期待する映像をフィルムに撮影することが困難であった。また、カメラ等の撮影機材も実際の市街地で自由に使用するには大掛かりなものであった。そのため、特に映画撮影の初期は、セットを用いてスタジオ内で撮影する必要があったのである。

　制作上の観点としては、ロケーション撮影では天候に撮影スケジュールが影響を受けるなど、不確定要素が存在するために、映画の制作スケジュールを計算可能にするためには、スタジオ内での撮影が必要になった点も否定できない。さらにスタジオでの撮影は、機材の配置などの点で最適な設定のもとで撮影することが可能な点でも優位に立つ。

　また、映画にある意味「見世物」的視点がある以上、実際に再現不可能な世界を舞台として撮影するためには、スタジオ内での撮影が必須のものとなったことも忘れてはならない。例えば、歴史ドラマであるとか、SF映画の世界は、今日の私たちの生活する世界とまったく異なる場所をその舞台とする。このような映画を制作する場合は、スタジオ内で撮影する必要がある。

　この様に人々が考える地域のイメージを忠実に再現することが可能なことも映画の特徴といえる。それは、すなわち、人々の考える「その場所らしい」感覚に忠実な内容を提供するということになる。そのためには対象地域の決定と、調査が必要となる。以上の作業を経て、舞台となる場所を作り出すことになる。

映画制作において舞台となる場所を考証していくことを進めていくと、実際に存在しない想像上の場所を作り出す可能性があることに気づくことになる。前述した通り映画にはその誕生前史より、見せ物的な要素を多く含んでいる。この時、普通の人々には想像もできない様子を見せるという点が重要であり、映画はその流れを脈々と受け継いでいる。このことは現実にはない、人々の想像上の世界について必要に応じて仮想の地誌を形作るということを意味する。

　一方、ロケーション撮影についても長所がある。まず、作り手側に明確なイメージがあり、実際の場所で撮影を行うことが可能ならば、現地での撮影は映画に臨場感をもたらす長所となる。また、スタジオ内の撮影の反動もあるが、ロケーション撮影を活用できる場合、一般に撮影にかかる費用を節約できる可能性を持っている。実際、ロケーション撮影を始めた経緯は、大掛かりなセットをスタジオ内に作る予算がないために、ロケーションを行ったとされている。その意味ではスケジュール管理の不確定要素が多くなる可能性があるとはいえ、スタジオ撮影にはない大きな利点を持っていることも確かなことである。

　さらに、ロケーション撮影については、撮影の舞台となる場所との良好な関係を築いた場合、いろいろな便宜を図ってもらうことが可能である点でも制作者にとって魅力が大きい。撮影に必要となる群衆の確保、などがその例としてあげられる。実はこれらのロケーション撮影に関係することは、撮影される場所にとってもメリットが大きい。

　それは、映画の舞台となった場所であることが広まることで、認知度が上がり、観光などの対象として有名となることがある。このため、最近では、地域振興の意味も込めてロケーション場所として便宜を図るための組織（フィルム・コミッション）を運営している地域も多く存在する。

## 5−5　地誌的観点から鑑賞する場合の映画の魅力

　地誌的観点から見た映画の力についてあらためて考えてみよう。映画は動画と音声によって、その映画の舞台となる場所での人々の生活の様子を擬似体験とするべく鑑賞できる点が魅力である。これはまさに、「百聞は一見に如かず」であり、この点が映画の持つ力である。この点は豊富な情報量を持ちながら、記録複製が容易なメディアである特徴を生かしている。

　また、映像として提供される内容が多種多様であり、その映像自体が重要な資料となったものが多く存在している。撮影当時は見世物だったかもしれないが、今日では、その記録映像自体がその場所の様子を知るための貴重な資料となっている。

　しかしながら、映画を地誌の観点から興味を持って鑑賞する場合に注意しておくことがある。それは、映画はあくまで興業的側面、視覚的側面を高めることをその主な目的としており、しばしば、考証の正確さを必ずしも求めていない点にある。すなわち、映画の意図を強調するためにしばしば不正確な場所の描写を行うことも多くみられるからである。その場合でも、映像で迫る作品には観客にとってそれ自体が説得力を持つこともある。この点で注意することも必要となることは指摘しておきたい。

　以上が、映画を地誌的側面から鑑賞する意味となるが、実際にどのような種類の映像を鑑賞することが可能となるのかについて、多種多様な映画について、その特徴をあげることにする。

## 5−6　映画と地誌　4つのアプローチ

　ここからは、いくつか代表的な映画を上げながら、地誌的情報を以下の読みとるのかについて、考えていきたい。今回は、(1) ドキュメンタリー映画に見る記録性、(2) ロケーション撮影に見る必然性、(3) スタジオ撮影による記録性、および (4) 想像上の世界にリアリティを持たせる映画、の4点について述べていくことにする。

(1) ドキュメンタリー映画に見る地誌的視点
　ロバート・フラハティ監督による1934年の映画「アラン」(図5.1) は今日でもドキュメンタリー映画の傑作の一つと言われている。この映画は、1934年に一年半の撮影期間をかけて記録された映像をもとに構成されている。この映画は、ヨーロッパのアイルランド共和国（南アイルランド）西部の島である、アラン (Alan) 島で主に漁生活を営む3家族の生活風景をとらえることで、厳しい自然条件のもとで生活を営む人々の生活をとらえたものである。

　この映画では、先にあげたドキュメンタリー性の高い映画の特質がよく表現されている。それは、なかなか体験できない極限の地で生活している人々の生活の様子を鑑賞可能にしている。ここでは、人々は、土が根付かない厳しい岩石質の土地のもと、石垣で風を防ぎ、海草を地面に積み上げることで、土のもとを作り、農作物（多くはジャガイモ）を栽培することで土の定着を図る様子を見ることができる。

　また、アラン島における厳しい気候の中で行われる漁の様子を鑑賞できることも貴重だと言える。アラン島はフィッシャーマンズセーターの発祥地であるが、もともとの由来はこの地の漁師が遭難して、後に遺体が発見された時の身元確認のために、それぞれ家を識別するためにセーターに文様をつける風習があった。そのことを納得させる内容である。

　この映画は、現在では、本当の記録映画なのかという議論がされている点があることを勘案しても、極限の地域における人々の生活の様子を、我々に伝えるという意味で、世界の人々の生活を知る機会を提供する貴重

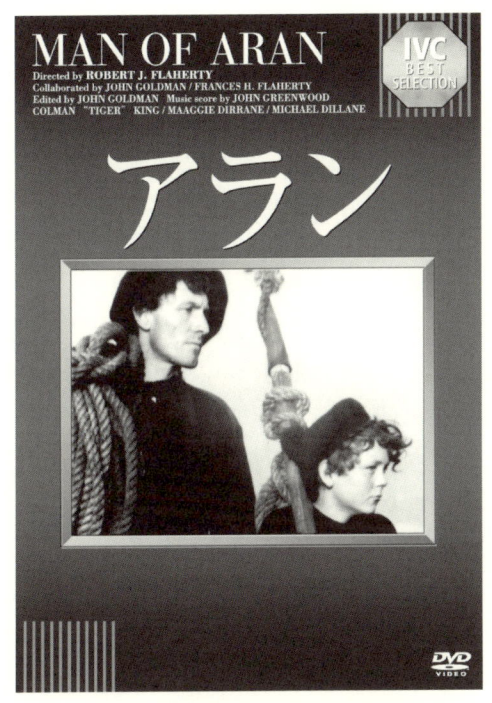

図5.1　映画「アラン」のDVD
発売元：株式会社アイ・ヴィー・シー，¥1,890（税込）

なドキュメンタリー映画として考えることが可能である。[3)4)]

（2）ロケーション撮影の劇映画に見る地誌的視点
　例えば、小津安二郎監督の映画を見ると東京近辺の人々の生活がしばしば映し出される。今回は「東京物語」を取り上げてみよう。この映画は、尾道に暮らす老夫婦が東京に出て行った息子を訪ねていった時の話を軸に、

---

3) 時代考証から考察したところ、映画の中で鑑賞できる漁の方法は、撮影時点の1930年代より、古式であるという指摘がなされている。しかしながら、その考証に誤りはないという点は確認されている。
4) この映画は多くの文筆家に言及されている。例えば、司馬（1988）は、アラン島についてこの映画を題材としながら言及している。

人間関係について描いた映画である。

　この映画では、はとバスに老夫婦たちが銀座を中心とする東京の都心部を回るシーンがあり、また第二次大戦後すぐに米軍の接収から解除されたばかりの新装なった松屋デパート（銀座4丁目）でのシーンも印象的である。ここの屋上からは国会議事堂を眺めることができるのである。今日とは異なる風景となり、まさに、劇映画の中の様子から今日では経験できない映像の資料とでもいうことができる。

　この映画では、主人公の長男は、郊外部に病院を開業している。この場所は、今日では、足立区の千住近辺であることが特定されている。劇中に東武伊勢崎線の堀切駅が映ってくることからも明らかである。荒川沿いという、都心から離れた場所で病院を開業している様子は、田舎で息子の立身出世を期待していた老夫婦は、自分の子供たちは自分たちが期待したような華々しい出世をしていないということを実感することをほのめかすシーンがある。ここでは、地名を出すことによって、東京の中心部とは異なる風景を示すことで息子の生活の様子をほのめかすのである。[5]

（3）セット撮影の劇映画に見る地視的視点

　ロケーションによる現地を撮影したものでなく、スタジオで舞台となる場所を構築した例として、近年の日本映画としてヒットした「ALWAYS 三丁目の夕日」（図5.2）を鑑賞してみよう。これは、昭和33年の東京の下町を舞台とした、様々な人々が織りなすドラマである。ここでは、東京タワーの位置する場所の近くで人々が生活しているが、小津安二郎の映画のように1950年代当時の東京でロケーション撮影によるものではない。あくまで、東京タワーが近くに見ることのできる時代の架空の下町が舞台なのである。ここでは、歴史考証を行った上で、1953年の東京らしい町を作り上げてその映画の舞台としている。

　舞台となる時期は、東京タワーが建設中であることから昭和33年であることが特定される。道路は舗装されていない場所も多くあるし、道を走

---

5）この項目については、川本（1999）に詳しい考察がなされている。

図5.2 映画「ALWAYS 三丁目の夕日」
©2005「ALWAYS 三丁目の夕日」制作委員会

るのは自動車でなく、オート三輪である。そして道路の中心には、路面電車が我が物顔で走り回っている、現在の東京とは異なる風景を醸し出す。このような舞台のもとで、今日の社会とは異なる（コミュニティの結びつきが強い人々の生活の様子を映し出しているのである。この映画は、舞台設定を昭和の東京の下町に置くことで、この人情噺的な世界に説得力を持たせるとともに、これを見た高齢層、おそらくこの時代の東京を覚えている人々に昭和の東京に対するノスタルジーを訴えかけたものと思われる。[6]

（4）特撮映画の表現に見る地誌的視点

先に、スタジオ撮影を中心とする映画製作において、実際に存在しない

---

6) この映画のDVDに付属する特典画像を鑑賞すると、そこではCGを活用して、この架空の東京の下町を構成していく様子を見ることができる。
　また、この様子については、公式HPにもその様子をうかがうことが可能である。
＜http://www.always3.jp/05/＞（2010.1.20.確認）

第5章　映画から学ぶ地誌的な視点

図5.3　映画「ブレードランナー」
©ワーナー・ホーム・ビデオ
ブレードランナー　クロニクル
ブルーレイ　￥4,980（税込）
DVD　　　￥3,980（税込）

世界を構築することについて述べたが、ここでは、歴史考証を行う歴史劇でなく、人々がどのように未来や都市を考えているのかについて触れてみることにしよう。人々が持つ未来都市に対するイメージに影響を与えた映画として、1983年公開の「ブレードランナー」（図5.3）の世界観を見てみることは参考になる。

　この映画は近未来となる2019年のロサンゼルスをその舞台としている。現在のロサンゼルスから連想したと思しき箇所をいくつか見ることができる。それは現在とは異なる様子を見せつつも高層ビルが建ち並んだ都市として表現されている点や、多種多様な民族が都市内部で生活をしている様

子である。

　そのような様子を見せつつ、未来のロサンゼルスと実際のロサンゼルスとは大きく異なる様子を見せている。もちろん、未来都市ということで、交通機関として主人公は飛行する乗り物を使用している。我々が、映画の舞台のロサンゼルスが実際のロサンゼルスと大きく異なる印象を映画から受けるのは、気候の違いが大きいと思われる。実際のロサンゼルスは晴天が多く乾燥した陽気な都市である。ところが、劇中のロサンゼルスは設定によると戦争の影響で常に酸性雨が降っている、陰鬱な都市として描かれている。[7]

　しかしながら、ここでは、架空の未来都市ロサンゼルスであり、物語における統一された世界観が支えており、暗い未来都市のイメージを提示することに成功していると言える。そして、このような、都市の未来は暗く、廃墟が多くを占めているという未来のイメージは古くは「メトロポリス」(1925年，フリッツラング監督) や「モダンタイムズ」(1900年，チャップリン監督) などで見られる、未来はデストピアであるというイメージがむしろ多数になる出発点となっているとされている。(加藤，2004)。

## 5-7　おわりに

　以上、映画を題材に地誌的な関係をとらえるため、その歩みを確認するとともに、いくつかの作品を例にとってどのような情報が含まれているかについて考えてきた。その中で、映画というメディアについてその大きな情報量を鑑賞すると同時にどのように考えていくかについて述べてきたつもりである。映画の映像が持つ記録性の面から、映画を注意深く鑑賞することでその舞台となる場所に理解を深めることは有効であると思われる。また、舞台となる場所について理解を深めることによって、映画の作品世界をより詳しく理解することにもつながるので、身の回りの映画を注意深

---

7) 実際、映画の原作とされている「アンドロイドは電気羊の夢を見るか」では、物語は砂漠したロサンジェルスであり、映画とは大きく異なる。しかしながら、映画の世界観、都市のイメージ造形が完成している点で映画の完成度が高いと言える。

く鑑賞することをお勧めしたい。

　なお、本原稿では、テレビドラマや紀行番組といった、映画と同じく動画と音声で積極的に視聴者に働きかけるメディアについて取り上げることはしなかった。これらの我々の身の回りで容易にアクセス可能なメディア体験についても、映画に対して今回行ったような視点を持って鑑賞することで、世界各地の様子を知る契機となるので試していただけたら幸いである。[8]

---

8）この種の興味を引く書籍については、参考文献の項目を用意した。

【引用文献】

加藤幹郎（2004）『『ブレードランナー』論序説―映画学特別講義』筑摩書房

川本三郎（1999）『銀幕の東京』中央公論新社

司馬遼太郎（1988）『街道をゆく 31』朝日新聞社

蓮見重彦（2007）『無声映画と都市表象―帽子の時代』，［高橋世織（編）（2007）『映画と写真は都市をどう描いたか』，ウェッジ］収録

吉見俊哉、水越伸（1997）『メディア論』放送大学教育振興会

Gronemeyer, Andrea（1998）"Film" DuMont Buchverlag GmbH und Co. Kommanditgesellschaft, Koln，アンドレア・グローネマイヤー（豊原正智、犬伏雅一、大橋勝（訳））（2004）『ワールド・シネマ・ヒストリー』晃洋書房

【参考文献】

朝日新聞日曜版（1991）『世界シネマの旅 1』朝日新聞社

朝日新聞日曜版（1993）『世界シネマの旅 2』朝日新聞社

朝日新聞日曜版（1994）『世界シネマの旅 3』朝日新聞社

飯田道子（2003）『映画の中のベルリン、ウィーン』三修社

川本三郎（2009）『銀幕風景』新書館

# 第6章
# メディアのモバイル化とリアルタイム地誌の誕生

## 6−1 携帯メディアと変容する時空感覚

### （1）体験と通信の距離

　パソコンがオフィスや家庭に浸透し、またそれらがインターネットにつながることで、世界中の遠く離れた国や地域の間を情報が電子の速度で行き交うようになったが、その意味で、インターネットは地球の時空間的圧縮（Time-Space Compression）を一挙に進める役割を果たしたと考えられる（Harvey, 1990）。しかし、インターネットによる通信も、それが今日のようにワイヤレス化される以前は、依然として人々の情報行動に制約を与えていた。つまり、様々な場所で体験した出来事を遠隔にいる誰かに伝えようとする際、もしそこに、インターネットに接続されたパソコンが設置されていなければ、そのような場所にわざわざ移動して、パソコンに電源を入れ、電子メールなどの適切なソフトウェアを立ち上げ、テキストを打ち込んで送信するという手間が必要であったのである。手紙や固定電話と同じく、インターネットも、情報の受送信のアクセスポイントが空間的に限定されていることで、体験と伝達との間には自ずと時間・空間的な隔たりが生まれるが、逆に見れば、人々はその隔たりを利用して自らの体験を振り返るとともに、その表現を推敲するゆとりを持つこともできたわけである。

　ところが、携帯電話が日常のコミュニケーション手段として用いられるようになると（図6.1）、人々の様々な場所での体験と、その表現や伝達との時空間ギャップは極端に縮められるようになる。そのことは、結果と

図6.1 携帯電話のコミュニケーション

して、体験そのものと、その伝達の質と形態に変化をもたらしていくことになる。例えば、ある店舗で特別な新商品やセール品が売られていることを知ったとき、携帯電話を持っていれば、その場所から知人にその驚きや感動を直ちに伝えることができる。また、待ち合わせの際に、その時間と場所は前もって詳細に決めずとも、携帯電話で適宜連絡をとりながら徐々に決められるようになり、またどちらかが遅刻した場合や何らかの理由で予定に変更があった場合も、臨機応変に別の待ち合わせ時間と場所への調整をはかる事ができるようになった。さらに、ある場所で人と対面で交流している最中にも、携帯電話は遠隔の場所にいる別の人との通信を可能とし、実空間で起こる体験と、それと関係の無いコミュニケーションがパラレルに進行することも特別な事態ではなくなっている（武山, 2007）。

パソコンやインターネット、携帯電話が普及し始めた後に誕生した世代をデジタルネイティブ世代（Prensky, 2001）と呼ぶことがあるが、この世代の特性の一つとしてしばしば指摘されるのが、複数の異なる作業を同時並行に進めていくパラレルタスク行動である。テレビやステレオをつけながら、パソコンに向かいつつ、画面上には複数のアプリケーションやドキュメントのウィンドウを開いていて、机の上には本や雑誌のページも開かれているといった状況は、その世代にとっては決して珍しいことではな

い。さらに、そこで携帯電話にメールのメッセージが受信されれば、それまでのパラレルタスクに瞬時に割り込んで閲覧と返信がなされ、その後、またそれまでのタスクに意識を戻していく。

　このように、物理的な空間での体験と通信とが常に同時に起こり得る環境が前提となると、工業化とともに社会に浸透していった時間や空間の効率的利用に関わる制度や価値意識も、従来ほどに絶対的なものではなくなってくる。つまり、行動を前もって計画し、スケジュール通りに進めて行くことや、ある場所や空間を特定の用途や活動のためだけに集中的に利用していくゾーニング的な発想は、通信が常に利用できる状況においては、必ずしも最適な時空間の活用とは言えなくなるのである。むしろ、通信を利用して自分にとって重要な環境や状況の変化についての情報を取得しつつ、現在もしくは将来の行動の調整や変更をはかること、またある場所での活動に従事しつつも、その場所において適宜遠隔の場所で遂行される別の活動の様子も伺いつつ、パラレルに物事を進めて行くことで、より効率的に時空間な資源配分が達成できるとする価値意識も生まれてくる。モバイルの情報通信技術の発達と普及は、単に流行やライフスタイルの変化という現象をもたらしただけでなく、人々の時空間の活用についての認識や方法にも影響を与え、そのことがまた携帯メディアの活用を促進する。このように、行動様式の変化と新たな情報伝達手段へのニーズが相互に連鎖しながら、人間とメディアと時空間が織りなす生態系の姿を変えている。

（2）アンビエント・アウェアネス
　携帯電話の普及は、人々の時間・空間的な振舞いに影響を及ぼすと同時に、通信によって伝達される情報の内容や、その表現にも少なからず変化をもたらすことになる。前述のように、携帯電話は人々が様々な場所で活動する状況で情報を受発信することを可能としたが、それ故に、1回あたりのメッセージの情報量をできるだけ小さくすることで、通信が現場での活動を妨げるリスクを低減させる配慮も働くようになる。それと同時に、携帯メディアでメッセージを送受信するための金銭、時間、労力等のコストが極端に低下したことで、受発信の回数を気軽に増やすことができるよ

うになり、また1回の送信で伝えられる内容は、必ずしも重要な出来事についての、熟慮した上でのメッセージである必要もなくなった。若者たちの携帯電話の活用に顕著に見られるように、友だちどうし、現在の居場所や気持ち、今食べているお菓子、今読んでいる本など、他愛もないメッセージがメールによって頻繁にやりとりされるのも、そのような携帯メディアならではの特性と密接に関わっている。つまり、1回あたりの情報量は小さく、しかし受発信頻度は多いテレコミュニケーションのチャネルと習慣が浸透することにともなって、それまでの通信手段では重視されなかったアンビエントな情報が、感情を表わす顔文字や絵文字といった特有の表現も借りつつ、主要なメッセージとして遠隔に届けられるようになったのである。人間同士が対面状況において、仕草や顔色、声の調子、ため息といった表現を通じて、自分の気分を互いにそれとなく伝え合っているのと同様に、携帯電話でやりとりされるアンビエントな情報の一つひとつは、たとえ取るに足らないものであっても、それが組み合わされ、繰り返されていくことで、人々はそこから相手の気分やおかれている状況といったものを無意識のうちに読み取れるようになる（Thompson, 2008）。

　ソーシャルネットワークサービスやミニブログを始めとする、人気のソーシャルメディアの多くも、そのような人のアンビエント情報の共有が主な用途となっている。特にTwitter（図6.2）と呼ばれる140文字以内で自分の現在の様子を投稿していくミニブログサービスでは、個人の些細な出来事が絶え間なく発信され、ユーザはそのような特定の個人の「つぶやき」をフォローし続けることで、その人の活動の様子や意外な一面を感じとるのと同時に、そのようなコミュニケーションを通じて、一度も会ったことのない人や、一度挨拶しただけの人との弱いつながりを、ゆるやかに、かつストレス無く維持し続けている。進化生物学者のロビン・ダンバーは、そのような人間のアンビエントな言語コミュニケーションの起源が、猿の毛繕い（グルーミング）にあるという説を唱えているが、その根拠となっているのが、猿の社会集団の規模と毛繕いの時間、そして大脳皮質の大きさとの相関であり、また毛繕いをし合う関係の猿が協調関係にあり、敵猿が攻めて来た場合には共に戦うという事実である。ダンバーは、

**図6.2 ツイッター（Twitter）** 参照：http://twitter.com

また個体が相互作用する社会集団の規模が一定水準に達したところで、毛繕いという身体的なコミュニケーションによる協調関係の構築方法が限界に達し、言語という非接触型のコミュニケーションへと進化したと説明する（Dunbar, 1997）。その仮説の学術的な妥当性はともかく、インターネットや携帯電話の普及が人間の社会的相互作用の範囲を広げ、その複雑度を高めるものであるとすれば、その環境変化に適応するためのメディアやコミュニケーション方法が生まれてくることも自然な成り行きと考えられるだろう。

## 6−2　地理的状況に感応するメディア

### （1）場所や状況を察知する携帯メディア

　地理情報や他者の地理的体験を記述するメディアは、人々に、世界の姿やそこでの出来事についての理解を促すだけでなく、自らの地理的行動を導く羅針盤としての役割を担ってきた。事実、古くから旅人たちは、地図あるいは人工的に地上に設置した塚などの目印を利用して、現在の居場所を把握し、進む道筋を選び、またその移動の速さを調整していたことが知られている。また紀行文や旅行記に始まり、今日の旅のガイドブックにい

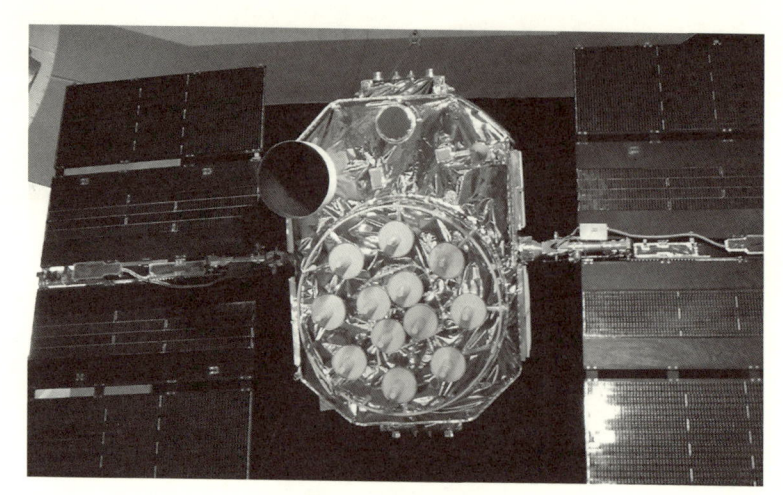

図6.3　GPS衛星

たる各種の地理的メディアも、人々の移動や旅への欲求を喚起するとともに、その不安やリスクを取り除き、他者のかつての旅を追体験する楽しさを世に広めてきたと考えられる。そのようなメディアによる移動や旅の支援と誘導の歴史は、今日のデジタル携帯メディアの機能や用途にも着実に受け継がれているが、全地球測位システム（Global Positioning System：GPS）がそこに組み込まれることによって、以前の地理メディアには見られない新たな特性を持つことになる。

　GPSは、地球上空の複数の人工衛星（図6.3）から送られる電波信号をGPS受信機で受け取り、受信機の現在位置を知るシステムである。その原理は、3個の衛星と受信機のそれぞれが持つ時刻データの差から、それぞれの衛星と受信機の距離を求め、空間上の一点として受信機の位置を同定するというものであるが、受信機の時刻データには精度的に誤差が生じるため、さらにもうひとつの衛星からの電波を受信することでその校正を行なっている。GPSは、航空や船舶、カーナビゲーションなどの分野を中心に利用が始まったが、2001年頃から個人用携帯電話に搭載され、その日常の利用機会はより大きく広がっている。GPSを搭載した携帯電話のアプリケーションソフトウェアとしては、まず地図検索サービスにおい

て現在地を確認する機能が組み込まれ、その後 2003 年頃から歩行者向けのナビゲーションのサービスが始まった。歩行者向けナビゲーションサービスは、はじめに GPS によって歩行者の現在地を確認し、次に地図検索機能によって目的地を設定すると、その後はアプリケーションが自動的に遠隔のサーバにアクセスして現在地から目的地までの移動ルートを算出し、移動にともなう歩行者の現在位置の変化を GPS が随時測位しつつ、その道中を地図情報や音声案内情報によって誘導するものである。

　歩行者向けナビゲーションサービスのように、人間の意識や操作、入力を必要とせず、コンピュータシステムや通信技術の側でユーザの状況を把握して、その結果に応じて適切な情報やサービスを提供していく方法を、計算機科学の分野では特にコンテキスト・アウェアネス（Context Awareness）と呼ぶ（Schilit et al. 1994）。携帯電話のように、ユーザが、様々な場所でメディアを利用する機会が増えることで、その場所、そのときならではの価値を持つ情報やサービスの提供へのニーズも高まるが、それにコンピューティングシステムが応じていくためには、ユーザが現在どこにいるのかといった状況を把握するための情報取得が必要となる。ユーザの位置は、そのようなコンテキストを把握するための一つの属性であり、GPS の他にも、様々なセンサーが携帯電話に搭載されることで、その他のコンテキスト情報をとらえる技術が今後も充実していくものと期待されている。すでに研究レベルでは、携帯電話に装備されたマイクロフォン、加速度センサー、GPS を組み合せることで、ユーザが走行、歩行、自転車、自動車、バス、電車による移動、停止のいずれの状態にあるかを高い確率で推定することができるようになっている（小林ほか, 2008）。その結果、例えば、電車に乗っているときは自動的に携帯電話をマナーモードに切り替えるといったことも可能になる。

（2）地理的経験へのデジタル情報の合成
　メディアが人間の置かれている状態を把握できるようになり、それに応じた情報や機能を提供できるようになると、人々の様々な地理空間での活動状況において、コンピューティングシステムがそこに関与していく機会

図6.4 オーグメンテッド・リアリティ

が開かれるとともに、そこに新たな課題も生まれてくる。塚を設ける、看板やポスターを設置するというように、地理的空間の中に情報メディアを物理的に配置して人の行動を誘導、喚起していく従来の方法とは異なり、モバイルのデジタル技術は、情報やサービスを地理空間に電子的に付加していくことで人の活動を支援し、また拡張する可能性を追求している。そのように、現実の環境にコンピュータを用いて情報を付加的に提示する技術や、情報が付加提示された環境は、一般に拡張現実ないし強化現実（Augmented Reality）と呼ばれている（Feiner et al. 1993）（図6.4）。拡張現実の実装方法としては、主に透明性の高いヘッドマウント型ディスプレイを利用して、画面越しに見える現実世界の風景の上にデジタル情報を表示する方法が研究開発されている。その一方で、一般に普及しているカメラ機能やGPS機能を持った携帯型スマートフォンのアプリケーションソフトウェアを利用する方法もあり、例えば、カメラで撮影したライブの映像上に、そこに映っている施設や物などの対象と関連した情報をテキストやイメージ情報を合成して提示するサービスが実用化されている。将来、拡張現実のメディアが普及すれば、それが看板や標識の機能を代替することも可能であり、景観の向上に寄与することも考えられる。また、現実の地理空間を移動しながら、その場所にちなんだ紀行文学の作品をテキストやイメージ、音声によって追体験していくこともできるだろう。あるいは、都市や地域の過去の情報や将来像を現実の景観に重ね合わせることで、拡

張現実をフィールドワークの学習用教材や都市計画の手段として利用していくことの効果も期待できる。しかし、そのような新たな価値が実現し、日常的に利用されるためには、いかにして現実の地理空間でのユーザの行動を遮ることなく、電子的情報を付加するかというインターフェイス設計上の課題が解決されなければならない。さらに、私的空間や公共的空間における様々なオブジェクトについての付加情報を、誰が、どのような手段で生成し、どのようなルールで共有していくべきかといった、コンテンツ供給や運用面の課題も指摘されており、拡張現実の成功はそのような問題への取り組みにかかっている。

## 6-3 センサー市民によるリアルタイム地誌の編纂

(1) センサー市民の登場

　携帯メディアを利用して、人々がいつでも自分の居場所についての情報を発信することが可能になったということは、地理的情報の取得という観点から考えれば、様々な時間と場所において、そこでの出来事や体験を人々が収集する手段を得たということを意味する。前述のように、携帯電話のメールや各種のソーシャルメディアによって、ユーザのその場の状況や、その場での出来事、さらにそれに対する気持ちといった情報がデジタル化され、伝達されている事態を考えると、実質的に、携帯メディアは、ユーザの身体機能と連動しつつ、その場の環境情報を取得するセンシングデバイスとして機能していると言える。

　実際、事件や事故、災害の現場に偶然居合わせた人が、カメラ付き携帯電話によって、その第一の目撃情報を記録し、その結果を写真付きの記事としてブログサイトやソーシャルメディア上に公開し、それが後になって新聞社やテレビ局などの大手ニュースメディアによって取りあげられて話題になるといった事態も起こっている。つまり、新聞記者やカメラマンの数を圧倒的にしのぐ、膨大な数の一般の携帯メディアユーザの取材や監視の眼が、24時間、全国各地に分散して稼働している今日の状況においては、市民が地理的空間で起こる出来事の第一発見者となるだけでなく、そ

の第一の報道者となることが、もはや特別なことではなくなったのである。

　携帯メディアによる地理空間的センシングやモニタリングは、環境と相互作用する人間の知覚や認知の過程を経由して、環境の特性やそこにおける出来事がテキストや音声といった形態で人為的に表現されていく場合もあれば（Goldman 2009）、携帯メディアに搭載されたGPSやカメラを始めとする各種のセンサー機能を利用して、ユーザの活動を妨げないように、環境から自動的に情報を取得していく方法もある（Campbell et al. 2008）。特に後者の応用分野には、自己の日常の生活行動データの管理や活用を目的としたライフログサービスがあり、例えば、ジョギングやウォーキングのルートや距離、走行スピードや消費カロリーなどを記録する携帯電話用のアプリケーションが実用化されている。また専用の携帯型血圧計や心電計によって健康管理をし、蓄積したデータの医療での活用も進められている。一方、企業にとっては、携帯電話を通じてユーザの地理的な商品購買履歴や、店舗へのアクセスデータを取得することで、マーケティングへの応用機会が生まれるため、ライフログ活用への期待や関心が高まっている。

（2）集合知としてのリアルタイム地誌編纂

　市民にセンシングされる局地的な情報を大域的に集めることで、都市や地域の地理環境がリアルタイムにモニタリングできるようになるだけでなく、その現状や変化についての時空間的なデータベースを構築することも容易になる。なかでも、センシングへのユーザの継続的な参加と協力の体制を実現しているのが、ウェザーニューズ社の提供する気象予報サービスである（図6.5）。このサービスはパソコンと携帯電話に向けて気象情報を提供するものであり、携帯電話向けのサービスは有償で会員登録することができる。会員になると、同社の提供する付加的なサービスが利用できるだけでなく、さらにウェザーリポーターとなる権利が与えられ、それに登録すれば、自分の居場所の天気の様子について携帯電話を利用して報告する機会が得られる。通常は、リポーターが自分の五感で感じた空や雲の様子、気温の感覚などを同社の携帯サイトを利用して、テキストのメッセージで表現して送信する。それを受信した同社側での一定のチェックを

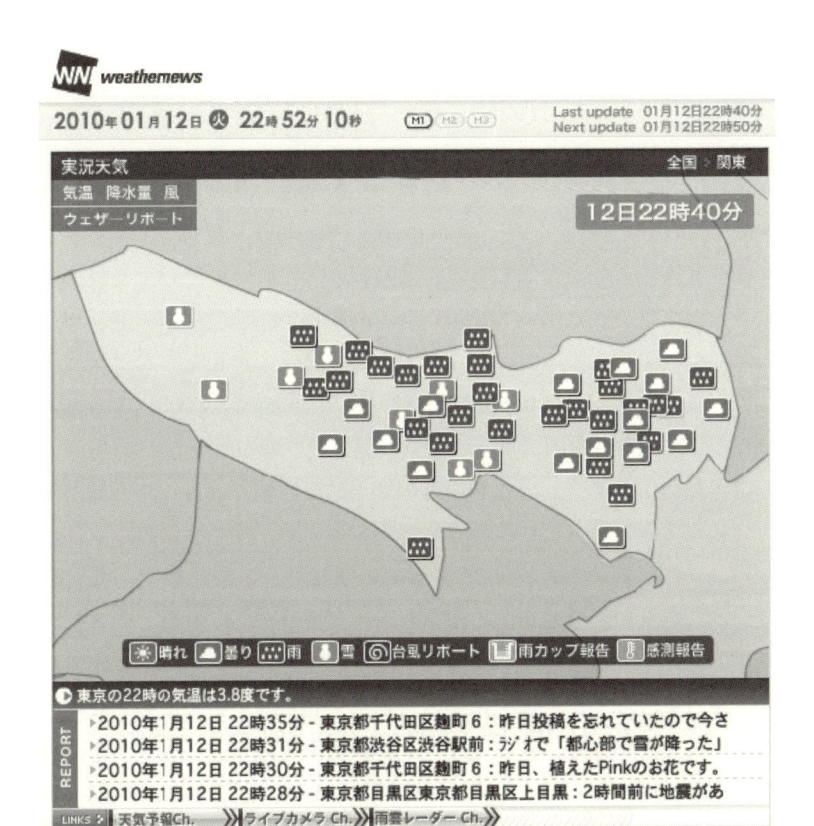

図6.5 Weathernews 社の Web サイト　参照：http://weathernews.jp/

経た上で、同社の気象予報サービスの一つのコーナーとして、その記事内容が公開される仕組みになっている。そのような全国のウェザーリポーターから集められる実況気象リポートは、パソコンや携帯電話向けの同社のサイトで閲覧するこができるほか、同社が提供する動画の番組やストリーミング放送でも紹介されている。また、定常的なウェザーリポートの収集に加え、季節の変化に応じて、期間限定で会員から情報を収集するプロジェクトも実施されている。特に、夏の局地的大雨発生多発時期においては、ゲリラ雷雨防衛隊という名称で参加者を募り、大雨の兆候としての積乱雲の様子の報告を全国各地のリポーターに呼びかけ、携帯電話のカメ

ラで撮影された写真とともに、その報告結果を集約、分析して大雨の発生の予報に役立てるという企画を実施して注目を集めた。

　携帯型の各種のセンサーを利用して環境情報から情報を集めて行く取り組みは、学術研究の分野においても、モバイル都市センシング（mobile urban sensing）、参加型センシング（participatory sensing）、ヒューマンプローブ（human probe）といった名のもとに進められている。同分野を先導するマサチューセッツ工科大学の SENSEable City Laboratory では、デンマークのコペンハーゲン市と協力し、同市内で走行することを想定したセンサー搭載型自転車を開発した（MIT SENSEable City Laboratory, 2009）。Copenhagen Wheel と名付けられた同プロジェクトで設計された自転車は、回生ブレーキの原理を利用してブレーキ利用時の摩擦熱を回収し、走行時の補助動力として利用するとともに、そのエネルギーはまた、その後輪のハブに装着するパーツ内に収められた GPS や車輪の回転計、二酸化炭素、窒素酸化物といった空気の汚染度を測るセンサー、湿度計や温度計などの各種計測器の電力源として供給されるようになっている。コペンハーゲン市では、その市民の半数以上が通勤・通学に自転車を利用していると言われているが、実際に市民がこのようなスマートバイクを利用することで、市内の自転車交通量だけでなく、大気の質についてもリアルタイムに空間的データとして収集することが可能になる。また、同プロジェクトは、そのようなセンシングへの市民の参加を動機付けるために、いくつかのソフトウェアも開発している。その一つが、自転車のドライバーが、自身の走行ルートや速度、消費カロリーといったデータを運転時にも確認できるようにする、自転車にも装着できるスマートフォン用アプリケーションである。さらにドライバーは、そのアプリケーションによって取得した自分の走行に関するデータを、ソーシャルネットワークサービス上の専用アプリケーションを通じて他者と共有することもでき、それをきっかけに、自転車の運転や、都市環境についてのコミュニケーションが誘発されることが期待されている。また、自転車による走行距離のデータを基に、同じ距離を自動車や鉄道を利用した場合の二酸化炭素排出量と比較し、その減少分を、グリーンマイルと呼ばれるポイントシステムによって表示することで、市民が共同

で環境負荷の低減に協力するインセンティブを与えている。

携帯メディアを利用した都市センシングの事例としては、他にもOpenStreetMapと呼ばれる非営利の財団が、世界中の一般参加者のボランタリーな活動を通じて進める、地理空間情報の収集と共有化のプロジェクトが知られている。そこでは、参加者がGPSによって取得したデータや、航空写真等の無償のデータを収集することで、自由に利用と編集が可能な道路地図を共同で作成することが目的となっている（OpenStreetMap Foundation, 2010）。

インターネットは、個人が所有する情報や知識の量や影響はたとえ僅かであっても、世界中に分散する膨大な数の人々からそれが集めることで、結果としてその集積の効果が発揮される仕組みが構築できることを世に知らしめた。GoogleやAmazon等の企業を筆頭に、そのような参加型の情報共有プラットフォームを企業がユーザに提供し、そこに集まった情報をビジネス的に利用していくモデルが多く実現されている（タップスコット，2007）。一方、Wikipediaに代表されるように、あくまでそれを非営利的に推進していく場合もある。いずれのアプローチを採るにせよ、センサーの搭載された携帯メディア（図6.6）が普及することで、そのような集合知（Collective Intelligence）のモデルは（Malone, 2009）、インターネット上で完結する世界から、現実の地理空間をも取り込んだ、リアルタイムの情報共有の世界へと発展しつつある。今後は、より多くの主体がそのような活動に参加することで、その結果として、集合的に編纂され、共有される地理空間情報の種類や範囲も増えて行くものと予想される。

## 6−4　ユビキタスメディアとしての地誌

### （1）地理空間と融合する人とメディア

長い歴史の中で、世界の地理的な経験を記述する様々なメディアが生み出され、またそれらのメディアを用いて、多様な地理的情報が人々に伝えられてきた。一方、そのようなメディアによる地理的経験の伝達と共有は、さらに人々の新たな地理的経験を導き、それを意味づけることで、経験

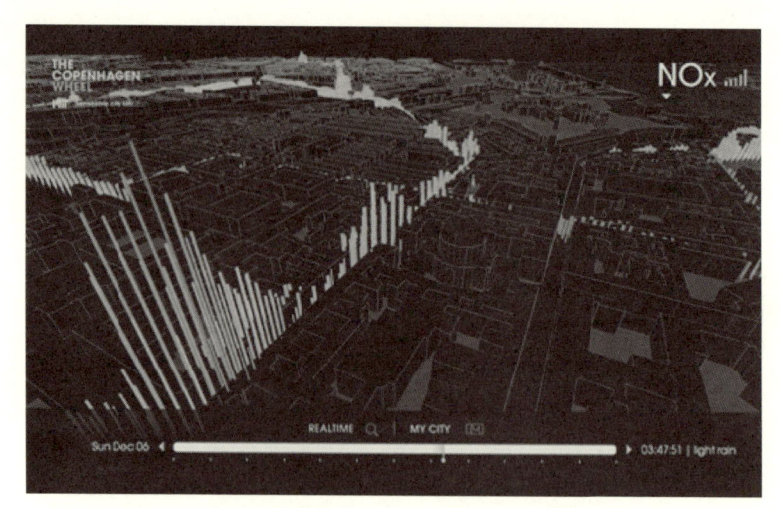

図6.6　自転車搭載センサーから集められる環境データ
参照：MIT SENSEable City Lab

の在り方自体に大きな影響を及ぼしてきたと考えられる。つまり、地誌的メディアは地理的世界を表現すると同時に、それを形づくる役割を常に担ってきたのである。このような、メディアの持つ、世界を表現し伝達する機能と、それ自体が世界を構成する要素や手段となっていく性質は、アナログからデジタルへ、さらにスタンドアロンからネットワークへと展開した現代の新しいメディアにおいても、依然として認めることのできるものである。

　しかし、携帯型のネットワークコミュニケーション、あるいは、それによってもたらされる表現と通信の手段と機会の遍在化は、地理的な体験ないし地理的世界の形成と、それを媒介するメディアとの関係をより密接なものとし、地理的体験とメディアを区別する境界を曖昧なものとしている。特に、携帯電話は、その高い普及率もさることながら、それが常に利用者の身体の傍にあることや、実際に様々な日常の生活場面で利用されていること、また通信やアプリケーションの稼働が瞬時に可能な状態でスタンバイしており、さらに利用者の状況をモニタリングしつつ、必要に応じてサービスを起動できるような機能を持ち始めているという意味で、人間の

地理的経験とは不可分なものとなりつつある。人工臓器ほどではないものの、身体との距離や距離感で見れば、それは、眼鏡やコンタクトレンズなどの、人間が活動状況において身体装着するメディアに準ずる位置づけになっている。

　一方、GPSや環境の様々な情報を取得するセンサーが携帯電話に装備されることで、メディアが地理的な生活環境から人間の意図的行為を介在せずに情報を取得できるようになり、環境とメディアの繋がりもまた強度を増している。さらに、携帯電話は、特に国内においては8割から9割を超えると推定される高い普及率を示しており、その利用者の地理的分布がそのまま、ほぼ携帯電話の分布を表わしていると考えると、かなりの広がりと密度で、通信と計算、そしてセンシングの機能を備えたメディアが地理的に配備されていることがわかる。このような情報通信技術の遍在化は、生活環境それ自体のメディア化をもたらすものであり、人間にとっての地理的環境とメディアの境界も、以前に比べて明確なものでなくなってきている。

　身体とメディア、そしてメディアと環境との間の距離が縮まり、それぞれの統合化が進むことで、前述のように、人間と環境の相互作用から生み出される地理的な経験と、それについての情報の生成と伝達のギャップが無くなっていく。また、携帯メディアを利用する人々にとって、生活行動は即情報を生成する行動ともなり、また情報を伝達する行動ともなっていくことで、これまで地理的な経験と情報通信のそれぞれを異なる機会ととらえ、別々の態度で関与してきた人間の意識にも変化が起こっていくと予想される。

（2）作者と読者の区分の消失

　オンラインの百科事典として知られるWikipediaは、膨大な数の、必ずしも専門家とは限らない一般の人々が、その読者であると同時にその語彙の編集者となることで、特定の少数の専門家によって編纂される従来の百科事典に比べて遥かに多数の語彙を持つことを可能とし、また遥かに頻繁な更新や校正の機会に恵まれ、日々成長し続けている。このようなWikipedia

の特性は、インターネットが、地理的かつ社会的に広範囲に分散した人々の知識や考えを、それ以前にはなかった速度と多様な組合せによって結びつけていく機能を持つ事を如実に示している。

また、ブログやソーシャルネットワークサービスを始めとする各種のソーシャルメディアに見られるように、利用者の多くが情報の読み手であると同時に情報の書き手となって、他者の発言にコメントを寄せ、またそれを引用しつつ、自身の意見として発信するといったことが起こっている。つまり、そこでは送り手と受け手が絶えず入れ替わることで情報が生成され、共有されるコミュニケーションのモデルが成立している。したがって、ソーシャルメディアによって、情報が消費される、あるいはテキストが"読まれる"と言う場合、単に書かれた記事がアクセスされて読まれるだけでなく、コメントの付加や、引用による再編集によって、新たなテキストとして情報が生み出される事象をも含んでいると考える必要がある。

特定少数の作者が生み出した著作を、不特定多数の受け手である読者に送り届けるというコミュニケーションのモデルを長い間採り続けてきたマスメディアの世界に対して、インターネットは、様々な分野において、そのような両者の非対称で独立した関係性を相対化し始めている。特に、そこで扱う情報のテーマが地理的な性質を持つ場合、世界中に分散する個人の立地的ユニークさが情報的な価値を持つことになる。事実、インターネットのワイヤレス化と、携帯のコミュニケーションメディアの普及は、その利用者の置かれた地理的な状況についての即時的な情報発信の機会を拡げ、その結果、世界中の携帯メディアの利用者が地理的経験の表現者となる可能性をもたらしている。そのような個人が携帯メディアによって発信し得る地理情報は、人間の個人の五感を通じて得られるものか、あるいはセンサーを利用して人工的に取得されるものかの違いに関わらず、極度に局地的で、ミクロなスケールのインスタントな地誌とみなすことができる。前述のウェザーニューズ社のウェザーリポーターの事例からもわかるように、個人の発信する情報の価値や影響力は些細なものであっても、そのようなハイパーローカルでミクロな地誌が、ネットワークを通じてより大域的なスケールで集められることによって、集合的な価値を持つことができ

る。その集合的地誌は、次第に境界が曖昧となっている生活者と地理空間、そしてモバイル機器やインターネットのソーシャルサイトの間の相互作用として実現するものであり、それは1つの記述の結果や伝達の手段というよりも、新たな地理体験のプロセスであり、またその共有のプラットフォームと言い表すのが相応しい存在となっていくだろう。

【参考文献】

Harvey, David. (1990) *The Condition of Postmodernity: An Enquiry into the Origins of Cultural Change*. Cambridge, MA: Blackwell.

武山政直（2007）「変容する時空感覚：gコンテンツと価値創造」gコンテンツ流通推進協議会編『gコンテンツ革命：時空間情報ビジネス』翔泳社，pp90-97.

Marc Prensky (2001) 'Digital Natives, Digital Immigrants Part1' *On the Horizon* Vol. 9 No. 5, October, pp.1-6.

Thompson, C. (2008) 'Brave New World of Digital Intimacy', The New York Times Magazine. September 5, (http://www.nytimes.com/2008/09/07/magazine/07awareness-t.html)

Dunbar, R. (1997) *Grooming, Gossip, and the Evolution of Language*. Harvard University Press.

Schilit,B. et al. (1994) 'Context-aware computing applications', IEEE Workshop on Mobile Computing Systems and Applications (WMCSA'94), Santa Cruz, CA, US. pp.89-101.

小林亜令・岩本健嗣・西山智（2009）「釈迦：携帯電話を用いたユーザ移動状態推定・共有方式」情報処理学会研究報告，MBL，[モバイルコンピューティングとユビキタス通信研究会研究報告] 2008 (44), pp115-120.

Feiner, S. et al. (1993) 'Knowledge-based augmented reality', *Communications of the ACM*, Vol. 36, Issue 7, pp.53-62.

Goldman, J. et al. (2009) *Participatory Sensing: A citizen-powered approach to illuminating the patterns that shape our world*, White paper published by Woodrow Wilson International Center for Scholars. Septmeber.

Campbell, A. T. et al. (2008) 'The Rise of People-Centric Sensing', IEEE Internet Computing, Vol. 12, Issue 4, pp.12-21.

MIT SENSEable City Laboratory (2009) The Copenhagen Wheel, http://senseable.mit.edu/copenhagenwheel/

OpenStreetMap Foundation (2010) OpenStreetMap, http://www.openstreetmap.org/.

Malone, T. W. et al. (2009) *Harnessing Crowds:Mapping the Genome of Collective Intelligence*, Working Paper No. 2009-001, MIT Center for Collective Intelligence Cambridge, MA.

# 第7章
# デジタルメディアと
# 想像的世界の体験

　古代の世界地図や神話に始まり、人々は古くから実際に観察することのできない想像上の世界の成り立ちや出来事を、図や文字のメディアによって表わし伝えてきた。それはやがて、小説やラジオドラマ、映画やテレビドラマなどの、フィクションの世界を多数の人々向けて送り届けるメディアへと発展する。さらに近年、デジタルメディアの登場により、想像的世界の読者や視聴者、鑑賞者は、オンラインゲームに見られるように、架空の世界を自由に動き回り、その環境や登場人物、あるいは他の視聴者と相互作用しつつ、物語をともに展開させていく、アクティブな参加者としての役割を持ち始めている。

　本章では、そのような人々の想像的世界の体験の質の変化とメディアとの関わりついて焦点を当てる。特に、オンラインのバーチャルワールドと代替現実ゲームを事例として、それらに見られる想像的世界の現実感の構成方法の特性やその意義を明らかにする。

## 7-1　バーチャルワールドの現実感

### （1）バーチャルワールド

　バーチャルワールドとは、ネットワークにつながるコンピュータによって電子的に構成される、2次元ないし3次元の空間表現を持つインタラクィブな環境である。そのユーザは、アバターと呼ばれる、自身と他のユーザに視覚的に知覚可能な表現形態をともなって、空間内のオブジェクトや他のユーザと相互作用することができる。バーチャルワールドの代表的な

事例には、米国で誕生し、日本語によるサービスに対応するセカンドライフ（Rymaszewski, 2008）、ネオペットのほか、海外で多数のユーザを獲得する Habbo、IMVU、Club Penguin などがある。

　バーチャルワールドには複数のユーザが同時に参加することでき、ユーザどうしは、それぞれのアバターを介しての交流機会が与えられている。また、アバターの移動や身体運動に連動して、空間の視覚的表現は実時間で変化し、さらに、その環境は、重力や地形の成り立ち、物体の運動や実時間の動作など、現実世界と同様の物理法則に従うように設計されている。ゲームという特定ジャンルや、バーチャルリアリティという技術カテゴリーと区別して、"ワールド" と呼ばれるのは、この人工環境が一日 24 時間 365 日間にわたって稼働し続け、常にアクセスできる状態で存在するためである。また、オンラインゲームのように、特定の目的に限定されない自由な活動ができること、仮想通貨を利用した商取引が行なわれていることなども、その環境にワールドとしての存在感を与えている。

　バーチャルワールドを実装するグラフィックの技術や、リアルタイムのインタラクションやコミュニケーションの手段は、主にオンラインのコンピュータゲームの開発や産業を背景に発展したものであり、特に、**MMOG**（Massively Multiplayer Online Game）や **MMORPG**（Massively Multiplayer Online Role Playing Game）と呼ばれる、1980 年代に誕生した大規模な数のユーザが参加するオンラインゲームの設計手法と技術的に密接な関係を持っている。事実、これらのゲームを特徴づけるグラフィカルな表現やアバターの動作、ユーザどうしのコミュニケーション手段、さらに仮想通貨による商取引など、多くの要素がバーチャルワールドと共通しており、**MMOG** や **MMORPG** をバーチャルワールドの一ジャンルととらえることもできる。

　また、バーチャルワールドや **MMOG** と関連する技術分野にバーチャルリアリティ（人工現実感）があるが、後者の開発や研究、またその科学、医療、訓練、芸術等への応用は、前者とは独立に発展した経緯がある。さらにバーチャルリアリティでは、ヘッドマウントディスプレイやデータグローブなど、環境や物体と相互作用する際のマルチモーダルなインターフ

ェイス装備を用いる点で、一般に流通するディスプレイやマウスの利用を基本とするバーチャルワールドとの違いがある。ただし、近年のコンソール型家庭用ゲーム機の中には、モーションセンサー等のバーチャルリアリティの技術が導入され始めており、将来的にバーチャルワールドのインターフェイスに、バーチャルリアリティの技術が応用される可能性もある。

### （2）自己分身の運動感覚

アバターは、バーチャルワールドのユーザにワールドの内での視覚的プレゼンスを与えるとともに、ユーザの分身のように動作する。アバターとは、神の化身を意味するサンスクリット語 *avatāra* を語源に持つ言葉であるが、1985 年に Lucasfilm 社が制作したオンラインロールプレイングゲームの The Habitat において、ユーザの存在を表わす視覚的表現としてその言葉が用いられたことが、その呼び名や手法を広めるきっかけとなったとされている。

自己のアバターの動きを視覚的に確認しつつ操作する方法として、アバターの視点（視座）で空間内の動きを表示する1人称表現と、アバターのすぐ背後や、上空からの俯瞰的に自己のアバターを見下ろすといったように、様々な角度から見た自己のアバターの姿を表示する3人称表現がある。バーチャルワールドの中には、両視点の表示を切り替えられるものも多くある。1人称表現は、ユーザに、ユーザ自身がその空間内にいるかのような臨場感を与えるが、自己のアバターの身体が見えないために、オブジェクトや他のアバターとの距離感がわかりづらいといった欠点もある。その点、三人称表現は、自己のアバターと他のオブジェクトやアバターとの距離が把握し易く、結果としてその操作も容易になる。

また近年の脳生理学の研究では、人間が他の人間や動物の身体的な動きを観察する際、ミラーニューロンと呼ばれる自己の運動感覚を司る脳神経細胞のネットワークの活動が活性化するという報告もあり（リゾラッティ, 2009）、そのような運動を模倣する脳細胞ネットワークの活動によって、ユーザが自己のアバターの身体的な動きとの一体感を感じている可能性もある。さらに、これに関連して、慶應義塾大学理工学部の富田・牛場

研究室は、人間の大脳皮質の運動野の活動を脳波として計測し、そのデータによってリアルタイムにバーチャルワールドのアバターを操作する、ブレイン・コンピュータ・インターフェイスの技術開発に成功している。このような研究が徐々に明らかにしつつあるように、アバターの動きとそのユーザの身体の運動感覚が強い関わりを持つほど、バーチャルワールド内の自己の身体的リアリティは増していくと考えられる。

（3）容姿によるアイデンティティ設計

　運動感覚的なリアリティに加え、アバターの容姿は、バーチャルワールドにおける自己イメージや、アイデンティティの形成、集団行動や社会的な態度の形成にも大きく影響する。

　MMORPGでは、個々のプレイヤーの属する人種や職業によって、その能力に差異が生じるように設計されているため、プレイヤーたちは、ギルドと呼ばれる共通の敵を倒すための編成される集団に参加し、様々な困難なミッションの達成に協働して取り組むことになる。例えば、代表的なMMORPGであるWorld of Warcraftでは、プレイヤーが演ずるキャラクターは大きく2つの陣営に別れ、またそれらの陣営ごとに決められた特定の種族に属し、さらに一定の職業（クラス）を選ぶことによって、その能力や役割に大きな違いが生じる。そのようなキャラクターのエスニシティや役割、能力の特性は、視覚的に表現されるアバターの容姿や、利用できるアイテムの違いによって把握できるため、ギルドを形成する際に、それぞれの能力を相互補完する協力関係を形成し易くさせる効果がある（Reeves, 2009）（図7.1）。

　また、セカンドライフなどの、より自由度の高いバーチャルワールドでは、アバターの容姿の設定の自由度も高く、性別や年齢的な風貌だけでなく、その体型や顔立ち、瞳の色、髪型も編集できる。さらにドレスやアクセサリーなども自身でデザインするか、もしくは他のユーザが制作したものを仮想通貨によって購入することもできるため、オンラインゲームに比べてはるかに多様でユニークなアレンジをアバターの容姿に施すことができる。カリフォルニアのパロアルト研究所でバーチャルワールドにおける

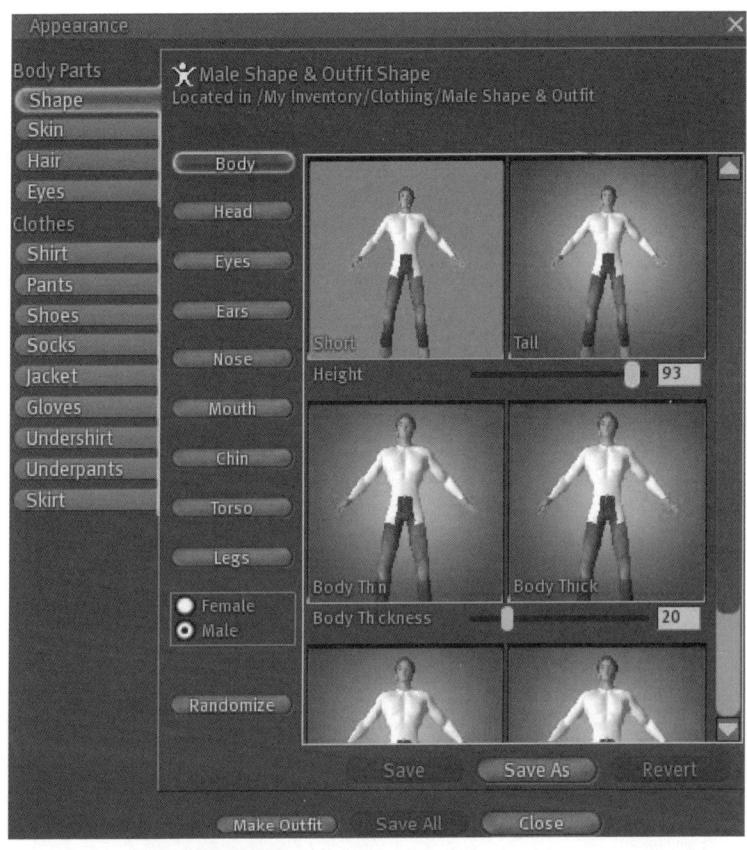

図7.1 アバターの編集画面　参照：Second Life, http://secondlife.com

人間行動を研究する Nick Yee は、そのような多様な自己のアバター表現の違いが、どのようにバーチャルワールドでのユーザの振る舞いに影響を与えるかという問題について実証分析を行っている（Yee, 2007）。その結果、ユーザにとって容姿がより魅力的に感じられるアバターを持つ場合、そのユーザは他のアバターに対してより親しみ易く、より友好的な態度で、より接近して振る舞うようになり、また背の高いアバターを選択したユーザは、背の低いアバターのユーザに比べて、交渉事により自信を持って臨むようになるといった傾向があることがわかった。MMOPG も含め、バー

チャルワールドの多くにおいて、それに参加する価値が、ユーザどうしの社交や取引、協調的な集団行動を楽しむことで成り立っており、アバターの容姿の選択や編集の効果についての把握は、バーチャルワールドへの参加の動機の理解や、そこにおける社会関係形成やサービスの向上や普及にとっても大いに役立つものと期待される。

（4）バーチャルワールドの社会構成的リアリティ

　代表的なバーチャルワールドであるセカンドライフでは、ユーザはワールド内に一定の区画の土地を購入して所有することができ、そこに施設を建設し、例えば様々なアイテムを販売する店舗を経営するといったこともできる。そのように現実世界にも見られるような制度を導入し、類似した景観や活動をシミュレーションすることが、バーチャルワールドの存在実感を高める効果を持つことは確かである。ただし、3次元のリアリスティックな視覚的表現や現実世界と類似したルールの導入が、バーチャル世界にリアリティもたらす全てではない。むしろ、多数のユーザが、それを「土地」として、また「店舗」であるかのごとく認識して発言し、そのように振る舞うことが、その場所の存在感を増す上でより本質的であると言える。事実、2次元的に描かれたバーチャルワールドや、1次元のテキストベースのバーチャルワールドにおいても、イメージやテキストの交換を通じて、場所の意味や、そこにおける行動の価値付けを社会的に成立させることが可能である。例えば、テキストベースのバーチャルワールド内の「バー」では、マスター役のアバターと、客役のアバターが、文字のチャットを通じてそれぞれの役を演じ、その相互作用の展開が、結果としてその場所の存在をバーという場所として感じさせる効果を生み出している。同様に、仮想通貨と市場取引を導入することで、バーチャルワールドは、1つの経済圏としての地理的かつ社会的アイデンティティを持つが、そのような仮想通貨や市場の存在にリアリティを与えているのは、それらがサービス主体によって安定的に管理されていること、アイテムや能力、時間などの様々な希少性が設計されていることだけによるものではない。多くのユーザが仮想通貨を利用して実際にバーチャルな財の取引を行い、さらに、そ

のような取引がバーチャルワールドでの活動や体験を充実させるに有意義であるとユーザに認知されることに、1つの経済社会としてのバーチャルワールドのリアリティが大きく依存しているのである。

(5) バーチャルワールドと現実世界の関係性

　バーチャルワールドがどのようなリアリティを持って造られ、現実世界では得られないような充実した体験を提供しようとも、そのユーザは、現実世界で生活する生身の人間であり、また現実世界でビジネス活動をする企業組織である。したがって、どのようなバーチャルワールドであっても、それを現実世界から完全に独立した別世界であるかのごとく扱うことはできない。事実、企業は両者にまたがるマーケティングや広告を行い、現実に存在するオフィスで働く人材のリクリーティング活動も始めている。また、バーチャルワールドの通貨が現実世界の通貨と交換され、その課税ルールについて議論がなされているし、バーチャルワールド内の希少なアイテムが、現実世界の市場において高値で取引されるといった事態も生まれている。一方、大学をはじめとする教育機関は、教室とバーチャルワールドのキャンパスを連動する授業形態を開始しており、またフランスでは、大統領選挙時にバーチャルワールド内での討論会も開催されている。このように、バーチャルワールドと現実世界の活動は様々な形態で連動し始めており、そこにおける各組織の取り組みにおいても、ユーザの日常生活においても、両者の間を明確に区分する境界を設けることは実質的に困難である。

　それでは、バーチャルワールドの存在を、現実世界との関係でどのように位置づけることが妥当であろうか。この問いに関連して、コーネル大学のマネージメントスクールで教鞭をとるRobert　Bloomfiledは、特に経済政策の観点から、バーチャルワールドの応用に取り組む研究領域をメタノミクス (Metanomics) と命名し、次のような3つの異なる研究の方向性を提示している (Bloomfield, 2007)。

a) 没入主義者のメタノミクス

　没入主義者のメタノミクスとは、その外部世界とは独立に、バーチャルワールドを1つの社会システムととらえ、バーチャルワールド特有のビジネスや経済、政策課題に取り組む。代表的な研究事例には、経済学者 Edward Castronova によるオンラインゲームの経済分析がある。特に Castronova は、オンラインゲームの経済システムのパフォーマンス評価する基準としての Fun（楽しさ）という価値観が重要であることを指摘している（Castronova, 2006 2007）。

b) 拡張主義者のメタノミクス

　拡張主義者のメタノミクスとは、バーチャルワールドを現実世界に付加された（を拡張した）ものと認識し、それが現実世界の経済活動や政策決定にいかなる影響を及ぼすかを問題とする。その事例として、課税の対象として、バーチャルワールドでの経済活動も含めるか否かといった議論がある。

c) 実験主義者のメタノミクス

　実験主義者のメタノミクスは、バーチャルワールドを現実社会への知見を得るための、もしくは未知の社会システムの可能性を探るための1つの社会的実験室として扱う。実際に Robert Bloomfiled は、バーチャルワールドを使った実験的な規制政策の研究に取り組んでいる。また、前述の Nick Yee のアバターの心理的効果に関する研究も、バーチャルワールド内の実験を通じて行われている。

　このようなバーチャルワールドの異なる認識や研究方法は、バーチャルワールドを理解する視座の違いによるものであり、決して相互に背反するものではなく、それぞれの研究成果を互いに相乗的に活かすことが期待される。また、これらの異なるバーチャルワールドの位置づけは、心理や文化、社会や政治など、経済政策以外の様々な分野の問題に関連づけて設定することも可能であろう。本章の冒頭で述べたように、かつてから様々なメディアの中で想像的世界が描かれてきており、またそれらのメディアに描かれた想像的世界は、それが話題になり、人々に共有されれば、される

ほどに、現実世界における人々の認識や行動に影響を及ぼしてきた。その意味で、以前から想像と現実の領域はつながっていると言えるのだが、バーチャルワールドの新たな特性は、地図や書物や映画と異なり、そのメディアないしメディアによって描かれる想像世界が、本質的に人々の参加や協働によって動いていく社会システムであるという点にある。

## 7−2 トランスメディアと代替現実体験

（1）トランスメディア・ストーリーテリング

　20世紀末頃から21世紀に入り、同じフィクション世界のストーリーが、異なる形態のメディアを用いて、その表現を変えつつ、同時期にもしくは時期をまたいで公開されるという事例が多く見られるようになっている。例えば、世界中で話題となったThe Lord of the Ringsの原作は、20世紀中旬に書かれたトールキンの小説「指輪物語」であり、現在まで書籍として出版され続けているが、2001年から2003年にかけて、映画のシリーズ3部作として順に劇場公開され、その後DVDソフトとして販売された。さらに、同作品はパソコン用ゲームソフトとしてもリリースされ、また有料のオンラインゲームのサイトとしても提供されている。一方、SF映画のヒット作であるThe　Matrixは、そのシリーズ3部作によって同じ物語世界における出来事の展開を描いているが、劇場映画の他に、映画で登場する世界の背景を描く短編アニメーション映画作品や、第2作と第3作の映画の内容と密接に関連するストーリーを描いたコンソールゲーム機用のゲームソフトも販売されている。Matrixの世界観に魅了されるファンは、それらの多様なメディアのプラットフォームを横断しつつ、共通のフィクション世界を、異なる登場人物の視点やバックストーリーを通じてより深く味わう体験が与えられた。

　メディアやポピュラーカルチャー研究の分野では、このように、異なるメディアや作品形態、あるいはリリースのタイミングをまたぐことで、ある物語の世界観を徐々に拡げつつ視聴者に伝えていく方法は、トランスメディア・ストーリーテリング（メディア横断型話法）と呼ばれている

(Jenkins, 2006)。比較メディア研究を専門とするヘンリー・ジェンキンスは、トランスメディア・ストーリーテリングが実施される背景にある、様々な要因と動機を指摘する（Jenkins, 2007）。その1つは、アメリカのメディア企業やエンターテイメント企業の水平統合化、コングロマリット化にともなって加速化される、各種のメディア連携によるブランド拡張やフランチャイズ化の動機である。それらの企業は、また、今日の多様化したメディア環境において、メディア嗜好の異なるオーディエンスに対して、それぞれに適切なメディアによって同一の物語世界へのエントリーポイントを提供し、潜在的な市場を拡げようと期待する。そこには、例えばコミック本が、それに続く映画の鑑賞体験を強化するのと同時に、その宣伝広告として機能するという効果もある。一方、トランスメディアで伝えられる物語世界の複雑さは、常に個人の理解の範囲を超え、それゆえファンの間に、物語世界についてできる限り深く広く、多面的に知ろうとする、博学的な知の欲求を喚起する。また、メディアや作品を横断して複雑な物語世界のストーリーが語り繋ぐことは、その間に完全に語られない潜在的なストーリーや、ストーリー展開上のギャップを生み出すことにもなる。熱烈的なオーディエンスは、それらのギャップを埋めるため、物語どうしの繋がりを推測しようとする衝動にかられ、また1人では困難なそのような複雑な推測のために他のファンたちとの情報交換も促進され、話題は世に広まっていく。そして、作品を創り出す才能あふれるクリエイターやデザイナー、アーティストたちにとっても、トランスメディアのストーリーテリングは、物語の世界観を拡張し、その視聴体験を強化する、新たな創作へのチャレンジ機会を与えることとなる。

（2）代替現実ゲーム

　トランスメディアの新たな手法が試されるなか、1つの作品そのものがメディア横断的に構成される、代替現実ゲーム（Alternate Reality Game：ARG）と呼ばれるジャンルが2001年に誕生する。ARGは、インターネットを中心に、日常的に利用される各種のコミュニケーションメディアを利用して展開するストーリーテリングであり、謎解きや推理といったゲーム

的要素も含んだ参加型エンターテイメントである。ARGはフィクションと現実の境界を隠す点に特徴があるが、そのような手法の起源は、1938年に現実のニュースのごとく放送されて聴衆にパニックを引き起こした、オーソンウェルズ原作の宇宙戦争のラジオドラマにまで遡ることができる。

　一般にARGと呼称される最初の作品は、スティーブン・スピルバーグ監督作品の映画A.I.のバックストーリーとして制作されたThe Beastとされている。The Beastは、映画A.I.で描かれた未来社会に起こる殺人事件の謎を解き明かすゲームとして進行するが、その謎解きのヒントは、インターネットの膨大な数のWebサイトの記事や、電子メール、留守番電話のメッセージ、FAX、ビデオクリップや画像ファイルといった、通常人々が現実に起こった出来事を伝達するために用いるメディアを通じて、架空の世界の出来事として、架空の登場人物によって伝えられる（図7.2）。その結果、プレイヤーはそれが果たして現実世界の出来事なのか、フィクション世界の出来事なのかを区別しづらくなるのだが、そのような体験は、現実のコミュニケーション環境の上で、現実世界とは別のもう1つのフィクションの物語が進行するという意味で、代替現実感（Alternate Reality）と呼ばれる（Szulborski, 2005）。

　このゲームに参加したプレイヤーたちは、インターネット上に設けられた共通の電子掲示板上で、様々なコミュニケーションメディアによってばらまかれた断片的情報を書き込んで共有し、それらの情報から、物語世界の出来事や登場人物の関係などを協力して推理する。さらに、物語の登場人物から課せられる難解なパズルを解き、ときには現実の場所で開催されるイベントにも参加することで、物語を進行させていく。4ヶ月の期間をかけて実施されたこのThe Beastの開催期間中、100万人を超える規模のプレイヤーが参加し、フォーラムには約43,000件ものメッセージが投稿されたとされている（Dena, 2008）。

　通常のARGでは、現実世界の情報を伝えるメディアに、「おや？何かが変だ。これは現実には起こりえないことだ。」と思わせるようなフィクション世界の情報をこっそりと、しかし注意して見れば気づくほどに忍び込ませ、プレイヤーがその存在に気づくことでゲームが始まる。プレイ

第7章 デジタルメディアと想像的世界の体験

Home　Bangalore World University　BWU - A.I. Studies　Representative papers　Calendar and office hours

## Jeanine Salla

**Dr. Jeanine Salla**

Dr. Salla began her research career as a graduate student under Allen Hobby during his last years at the Aragon Institute of Technology. The project she started there—directing the course of AI skill acquisition in open-field environments by simulating "motivation"—still guides her research today. "Like any bright child, the current generation of sophisticated AI's are capable of astonishing feats of learning. But also like any bright child, the AI has to *want* to learn. In my lab we focus on *I want*. AI's do not have the benefit of a limbic system, a morning cup of coffee, or the insights of Freud when deciding what matters to them. A smart machine can be given relatively simple rule sets to govern its behavior, but a true Evolving Intelligence requires a persistent, dynamic, flexible-yet-targeted urge to grow."

図 7.2　The Beast に登場する架空人物の Web サイト

ヤーはさらにその情報からリンクされ、もしくは発見を促される様々な架空世界の証拠情報へと、各種のメディアを横断しつつ辿りつつ、フィクションの世界へと徐々に導かれて行く。

（3）フィクション世界のフレームとエビデンス
　小説、映画、テレビゲームのいずれにあっても、フィクションの物語世

界は、書籍やフィルム、映画館やスクリーンといった、特定のメディアの枠組の中で描かれている。つまり、フィクション世界の物語がメディアという容器に収まるコンテンツ（内容物）として作品（＝パッケージ）化されている。オーディエンスがそのような物語の世界を実際の出来事としてではなく、フィクションとして認識できるのも、書籍、フィルムないし映画館、ゲーム機のコンソールなどによって、それらが日常の世界からはっきりと境界付けられて（＝フレーミングされて）いるためと考えられる。通常、作品鑑賞中のオーディエンスは、フレームの中の世界だけに集中しているので、メディア自体や作者の存在は意識されていない。またメディアや作者の存在はあくまでフレームの外の世界にあり、作品に没入するうえでできるだけ意識されないように配慮されている。つまり、物語に登場する人物や世界は、オーディエンスにとって、あくまでメディアの中に描かれたフィクションの作品の中にのみ存在するものと受け取られている。

　これらの従来型のストーリーテリング形態とは異なり、ARGのフィクション世界は、いかなるメディアの中のコンテンツとしても描かれることはなく、「メディアを要素としてその中に取り込んでいる1つの世界」としてプレイヤーによって想像的に体験される。そこでは、プレイヤーは登場人物や架空の組織の存在を、ブログやWebサイトをはじめとする日常的なコミュニケーションツールを通じて自ら探し出して確認し、さらにそれらとメールやコメントの書込みといったチャネルを通じて対話することも可能となる。そのようなオンラインの探索やインタラクションを通じて、プレイヤーの心の中には、フィクション世界の登場人物や組織が自らと同じ現実世界に存在するであろうという推測が自ずと働くことになる。したがって、物語に登場する架空の人物や組織のWebサイト、ブログ、雑誌広告など、ARGで利用されるメディアは、それらによって伝えられるメッセージとともに、フィクション世界を構成する重要なエレメント、あるいは、その世界の存在を実感し、推測させる証拠＝「エビデンス」として機能する。

7–2 トランスメディアと代替現実体験

## （4）2次的創作とパフォーマンスによる想像世界の共同構成

　ARGは、プレイヤーの様々なパフォーマンスに依存してストーリーが進行し、また物語の世界観の中で、その登場人物と共演するという意味でロールプレイングゲームと類似している。ただし、ARGではロールプレイングゲームのように、プレイヤー自身が架空世界の架空のキャラクターを演じることも、バーチャルワールドのアバターのように姿を変えるといったことも一切持無く、日常生活とは別の架空の世界ともつながる現実世界の自分自身として振る舞う点に、そのジャンルの大きな特徴がある。

　物語を進める上でまず必要となるプレイヤーの行動としては、前述のように、様々な日常のコミュニケーションメディアを通じてばらまかれる架空世界のエビデンスを発見し、それら電子掲示板上で共有しつつ、エビデンスどうしのつながりや、そこから浮かび上がる出来事や人物像を推論するというオンラインの共同作業がある。これは、考古学者が古代の人々の残した遺跡を発掘し、そこから様々な遺物を拾い出し、それらの断片的な証拠に基づいて、かつての暮らしや社会を想像的に再構成していくのと非常に似通ったプロセスである。また、物語の進行上で次に重要なのが、物語世界の登場人物からプレイヤーに課せられるパズルを解くことである。通常はそのようなパズルの答えが、次なる証拠情報にたどり着くためのヒントとなっている。それらのパズルを解く場合も、やはり共有の掲示板サイトを利用して、その解法の多数の可能性について議論をし、仮説をたて、それぞれの仮説や戦略ごとにグループに分かれて解決に向けて取り組むコラボレーションが起こる。

　そのようなオンラインの共同作業に加え、さらにARGのプレイヤーたちには物理的な世界で実際に身体を動かすミッションが課せられることも多い。それは、ある場所に出向いて、自動車の中からメモリーディスクを密かに見つけ出すといった指令や、その物語にちなんだ化粧や格好をして、大人数で町中を行進するという指令、さらには指定された時間に指定された場所の公衆電話に出向いて、受話器越しに物語の登場人物からの質問に答える指令など、ゲームに参加しなければ通常はあまりやらないような行動である。そのような現実世界で実行されるミッションの様子が、プレイ

ヤーによってビデオ映像や写真やテキストでオンライン掲示板上（図7.3）に報告され、そのようなリアル世界のミッションに参加した一部のプレイヤーの体験が、ミッションに参加しない他の大多数のプレイヤーたちとも共有される。

　一般的に、ARGのプレイヤーは、そのゲーム進行への関与の度合いの違いによって、ハードコアプレイヤー、カジュアルプレイヤー、オーディエンスの3つのタイプに分けられる。オーディエンスとは、物語の進行には直接関与せず、ハードコアプレイヤーやカジュアルプレイヤーによって展開する物語の行方や、オンライン掲示板に書き込まれるそれらのプレイヤーの体験談を追うことを楽しみとする人々を指す。ゲームの全参加者の8割近くがこの部類に属するとされている。また、カジュアルプレイヤーは、自分のペースで、適宜エビデンスの発見や、物語の推理、パズル、リアルミッションに参加するタイプの人々で、構成的には1～2割程度と言われている。最もアクティブなのがハードコアプレイヤーで、これらのプレイヤーは、様々なタスクに積極的に参加するだけでなく、ゲームの進行過程でそれまでにわかった出来事の粗筋を適宜オンラインのwikiサイト上にまとめ、またそれらのプレイ上の出来事の順序を物語世界の時間軸に並べ替え、ときにはその架空世界の人物関係図や地図までをも描いて公開するといった、各種のコンテンツの生成を行う。そのような、制作者が提供する1次的コンテンツとは異なる、物語世界に関する2次的コンテンツの生成とネット上での共有は、近年のトランスメディア・ストーリーテリングの世界のファンカルチャーに共通して見られる傾向であり、想像的な世界の成り立ちを推理させ、それをファンどうし共同で再構成することが、インターネット環境に広まりつつある物語世界の読み方であり、体験の仕方と考えられる（Dena, 2008b）。

（5）デジタルメディアと想像的世界の体験

　バーチャルワールドと違い、ARGは通常数週間から数ヶ月といった期間限定のゲームやイベントとして実施されるため、その世界の存在を24時間いつでも実感できるようにはなっていない。また、その想像的世界の

| トピック | 返信 | 投稿者 | 閲覧 | 最新記事 |
|---|---|---|---|---|
| < 事件に出てきた謎 | | | | |
| ブログ映像にについて<br>[ ロページ移動: 1 … 3, 4, 5 ] | 73 | kuontui | 10923 | 2009年5月23日(土) 01:24<br>ワイジロー →ロ |
| 初老男性の情報について<br>[ ロページ移動: 1 … 3, 4, 5 ] | 68 | ta_ka_mi_ya | 11047 | 2009年5月15日(金) 13:24<br>Yoshikazu →ロ |
| 早紀さんへの質問<br>[ ロページ移動: 1, 2 ] | 18 | 凛恒パパ | 2632 | 2009年5月13日(水) 09:54<br>ワイジロー →ロ |
| 自殺遺留品の写真について<br>[ ロページ移動: 1, 2 ] | 19 | 道端の道草 | 2886 | 2009年5月04日(月) 02:26<br>ワイジロー →ロ |
| マーキュリー警備保障管理サイト<br>[ ロページ移動: 1 … 15, 16, 17 ] | 246 | 凛恒パパ | 24976 | 2009年4月29日(水) 23:57<br>あさひな →ロ |
| マーキューリーから出た資料の分析 | 9 | kuontui | 1673 | 2009年4月27日(月) 12:13<br>Yoshikazu →ロ |
| 小林流星のblog「N'Djamena」について<br>[ ロページ移動: 1, 2, 3, 4 ] | 45 | にんにく | 6434 | 2009年4月27日(月) 12:02<br>kuontui →ロ |
| saki*s schedule<br>[ ロページ移動: 1 … 3, 4, 5 ] | 72 | LION | 7501 | 2009年4月26日(日) 01:57<br>あさひな →ロ |
| 監視カメラのビル<br>[ ロページ移動: 1, 2 ] | 29 | isk | 4178 | 2009年4月25日(土) 05:05<br>poly6 →ロ |
| 秋葉原カフェモコに残された「青いメモ」について<br>[ ロページ移動: 1 … 5, 6, 7 ] | 91 | LION | 10160 | 2009年4月24日(金) 22:32<br>Jiminy →ロ |
| 監視カメラ画像で気になった点<br>[ ロページ移動: 1, 2 ] | 18 | あさひな | 3337 | 2009年4月23日(木) 13:34<br>わさん →ロ |
| makkaのblog「フラフラアルキ」について<br>[ ロページ移動: 1 … 3, 4, 5 ] | 63 | LION | 8055 | 2009年4月22日(水) 17:02<br>LION →ロ |
| 廊下での手サインについて<br>[ ロページ移動: 1 … 3, 4, 5 ] | 68 | たつきっく | 9556 | 2009年4月22日(水) 14:58<br>ましろ →ロ |
| 早紀さんのおじいちゃん<br>[ ロページ移動: 1 … 3, 4, 5 ] | 69 | goma | 10406 | 2009年4月22日(水) 09:47<br>ましろ →ロ |
| ペガサステニスサークルのホームページについて | 21 | ワイジロー | 3161 | 2009年4月22日(水) 04:49<br>kicky →ロ |
| 中里千晶のblog「★ちゃっきーと愉快な仲間たち★」について<br>[ ロページ移動: 1 … 5, 6, 7 ] | 97 | LION | 9179 | 2009年4月21日(火) 19:42<br>LION →ロ |
| 拉致のタイミング<br>[ ロページ移動: 1, 2 ] | 28 | 久遠 | 3815 | 2009年4月21日(火) 16:52<br>kuontui →ロ |
| 安本のblog[nanalog]について | 13 | ワイジロー | 1669 | 2009年4月21日(火) 11:06<br>QED →ロ |
| 中川絵美莉のblog「Emily Lily」について | 4 | LION | 1391 | 2009年4月19日(日) 03:30<br>あさひな →ロ |
| saki*s blogのBookMarkについて<br>[ ロページ移動: 1, 2, 3, 4 ] | 56 | アル | 7590 | 2009年4月17日(金) 23:34<br>アル →ロ |
| エレベーター内のロパクについて | 9 | たつきっく | 2090 | 2009年4月17日(金) 15:33<br>goma →ロ |
| 手話は「助けて」 | 1 | YS | 1030 | 2009年4月14日(火) 17:32<br>YS →ロ |

図 7.3　代替現実ゲーム「RYOMA: The Secret Story」の電子掲示板サイト

存在感や現実感は、バーチャルワールドのように、視聴覚的に与えられる人工的な環境情報とユーザ自身の身体的な運動感覚との相互作用によって与えられるものとも異なる。ARGのプレイヤーに刺激としてもたらされるのは、想像的世界の存在を表わす物的かつ記号的なエビデンスであり、そこで利用される様々なメディアすらも、架空の世界を構成する要素として利用されている。しかし、これらの想像的世界の異なる現実感の構成アプローチは、決して相反するものでも、矛盾するものでもなく、また人工的に構築される虚構の世界に特有のものでもない。むしろ、それらの特性は、人々が日常において現実世界のリアリティをどのように感じているかを再認識する機会を与えてくれる。あるとき、世界のリアリティは身体的な感覚を通じて直接的に体感され、またあるときは、様々なメディアを横断して伝達される、相互に関連する世界の出来事の断片的な情報群によって、推測的に実感される。そして、バーチャルワールドとARGに共通して見られる特性と現実世界とが一致するのが、そこに参加する人々の一定のルールに従うパフォーマンスを通じて、世界のリアリティが社会的に形作られるという特性である。

　地図や書籍や映画によって記述され、表現されてきた想像の世界のリアリティと、近年のデジタルメディアによって生み出され、現在も進化を続けるそれとの特筆すべき違いは、後者が、想像的世界を完結した作品としてではなく、その読み手の参加と振る舞いによってはじめて成立する、ある種の環境ないし舞台へと転換させたことにあると言えるだろう。

【参考図書】

Rymaszewski, M. (2008) Second Life: The Official Guide, Sybex.

リゾラッティ・ジャコモほか（2009）『ミラーニューロン』紀伊國屋書店

Reeves, B. and Read J. L. (2009) Total Engagement: Using Games and Virtual Worlds to Change the Way People Work and Businesses Compete, Harvard Business School Press.

Yee, N. et al.(2009) 'The Proteus Effect: Implications of Transformed Digital Self-Representation on Online and Offline Behavior', *Communication Research*, Vol.36, 285-312.

Bloomfield, R. (2007) 'Metanomics101'.

http://www.metanomics.net/show/archive091707/.

Castronova, E. (2007) *Synthetic Worlds: The Business and Culture of Online Games*, University Of Chicago Press.

Castronova, E. (2007) *Exodus to the Virtual World: How Online Fun Is Changing Reality*, Palgrave Macmillan.

Jenkins, H. (2006) *Convergence Culture: Where Old and New Media Collide.* NYU Press.

Jenkins, H. (2007) Transmedia Storytelling101. *Confessions of Aca-Fan: The Official Weblog of Henry Jenkins.* March 22, 2007

http://henryjenkins.org/2007/03/transmedia_storytelling_101.html.

Szulborski, D. (2005) This Is Not A Game: A Guide to Alternate Reality Gaming, Lulu.com.

Dena,C.(2008a)ARG Stats.

http://www.christydena.com/online-essays/arg-stats/.

Dena, C. (2008b) 'Emerging Participatory Culture Practices: Player-Created Tiers in Alternate Reality Games', *Convergence Journal: International Journal of Research into New Media Technologies*, Vol 14, No 1, pp41-57.

# 第8章
## GISと地誌の世界

地誌の認識・表現には、地図が欠かせない。地理情報システム（Geographic Information System：GIS）の発達により、2000年代にはGoogle Mapなどのデジタル地図を使って、個人が簡単に地図を検索・作成・公開できるようになった。GISが地誌を認識・表現するメディアとして活用されることにより、地誌の認識・表現方法にも変化が現れている。

## 8-1　GISとは

厳は、地理情報を「地表面の物体や出来事の地理的位置およびそれに関連する事項を表現・記述したもの」とし、GISを「地理情報をコンピュータで管理・分析するためのツールボックス」としている。

当初は、GISの"S"は"System"を意味していたが、福井は「gコンテンツ革命」の中で、今日では、"S"には"System"のほかに、Systemの基礎となる"Science"と、Systemを活用した"Service"の意味もあるとしている。つまり、GISは、

地理情報科学（Geographic Information Science）、
地理情報システム（Geographic Information System）、
地理情報サービス（Geographic Information Service）

の3層構造になっている。このうち、地誌を認識・表現するメディアとして用いられるのは、地理情報システムと地理情報サービスである。

以下では、GISを用いた地図を検索・作成・公開の具体例を挙げながら、地誌の認識・表現方法の変化を見ていく。

133

## 8−2　地図を検索する

　Google Map や全地球測位システム（Global Positioning System：GPS）によって、地図の検索は簡単になり、地誌の認識がしやすくなった。ここではその一部を紹介するが、これ以外にも、gコンテンツ流通推進協議会が「gコンテンツ革命」で、さまざまな地理情報サービスの事例を整理している。

（1）　ピョンヤンのようすを見る

　ウェブサイト上の GIS（Web GIS）の代表的なものとして、Google Map がある。このウェブサイトでは、地名を入力すると、世界中の地図と航空写真・衛星写真が検索できる。

　たとえば、図 8.1 のように、「北朝鮮　ピョンヤン」で検索すると、北朝鮮の首都ピョンヤンの衛星写真が表示される。さらに、衛星写真を拡大すると、個々の建物まではっきりと表示される。

　国際的に孤立している北朝鮮は、外国に対して地図を秘匿しているため、Google Map でも地図は表示されない。しかし、衛星写真は国境と無関係に撮影できるため、北朝鮮政府の意図に反して、世界中の人がピョンヤンの街のようすを簡単に把握することができる。

（2）　凱旋門の現地写真を見回す

　さらに、Google Map では、一部地域については、ストリートビュー（360°現地写真）も提供されている。これは、自動車の屋根に 360°撮影できるカメラを設置して、主要な道路を走行して撮影したものである。撮影位置の情報を加えることで、地名や地図から任意の位置を選択できる。

　たとえば、「パリ　凱旋門」で検索し、ストリートビューを表示させると、図 8.2 のような現地写真を閲覧できる。写真は、上下左右と、道路に沿って前後に移動して表示させることもできる。

　従来の、上空から撮影した衛星写真や、特定の方向から撮影した現地写真と比べると、ストリートビューでは、実際に現地に立って、あたりを見

図 8.1　Google Map で見るピョンヤン　参照：http://maps.google.co.jp.

図 8.2　Google Map ストリートビューで見るパリ凱旋門
参照：http://maps.google.co.jp

8-2　地図を検索する

回したり、道を進んだりするのと同じ体験をすることができ、臨場感が高まる。

（3）ここはどこ？

　人工衛星は、衛星写真を撮影するだけではない。GPS では、地上の発信機から複数の人工衛星に対して信号を発信することで、発信機の位置を計測している。この GPS の発信機は、すでに身近なところにも設置されている。

　たとえば、2007 年以降に製造された携帯電話には原則として組み込まれている。日本の携帯電話会社の中では、KDDI の au が古くから GPS を積極的に活用してきたが、今日では、各社が GPS を使ったサービスを提供している（図 8.3）。道に迷ったとき、図 8.3 のように、GPS で計測した現在位置を、携帯電話のデジタル地図上に表示することができる。このほか、GPS はカーナビにも組み込まれ、同様の方法で計測した車の現在位置をカーナビのデジタル地図上に表示している。

　これまで、紙の地図を使うときは、現在位置の地名と、それがどこの都道府県の、どこの市町村にあるのかを知っている必要があった。しかし、GPS とデジタル地図を使うときは、これらは必要なくなる。むしろ、逆に現在位置のデジタル地図をズームアウトすることで、現在位置がどこの市町村にあり、さらにどこの都道府県にあるのかを把握できる。若林は、「個々の身体を基準としてその近傍に開ける空間」を「局所的空間」、地図的表現が可能にする、局所的空間がその部分として位置づけられる全体としての空間を「全域的空間」とし、GIS によって、「全域的空間の中に自らを位置づけるという作業から解放される」、「全域なき世界」が現れる、としている。

## 8−3　地図を作成する

　これまで、地図を作成するのは公的機関であったが、GIS を使えば、個人でも必要な地理情報を組み合わせて地図を作成できるようになった。

8-3 地図を作成する

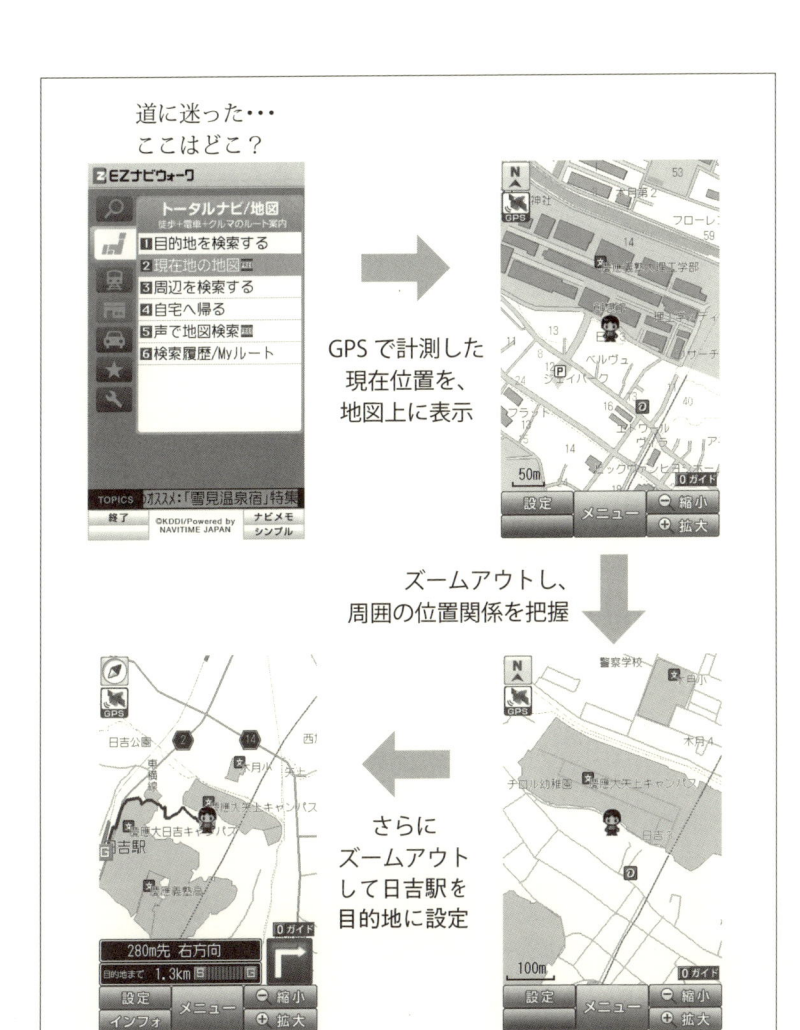

図8.3 携帯電話で現在位置を探す
　　　　EZナビウォーク
　　　提供：KDDI
　　　　　　Navigation engine by NAVITIME JAPAN
　　　　　　地図：昭文社／ゼンリン／国土地理院
　　　　　　交通情報：VICS／JARTIC

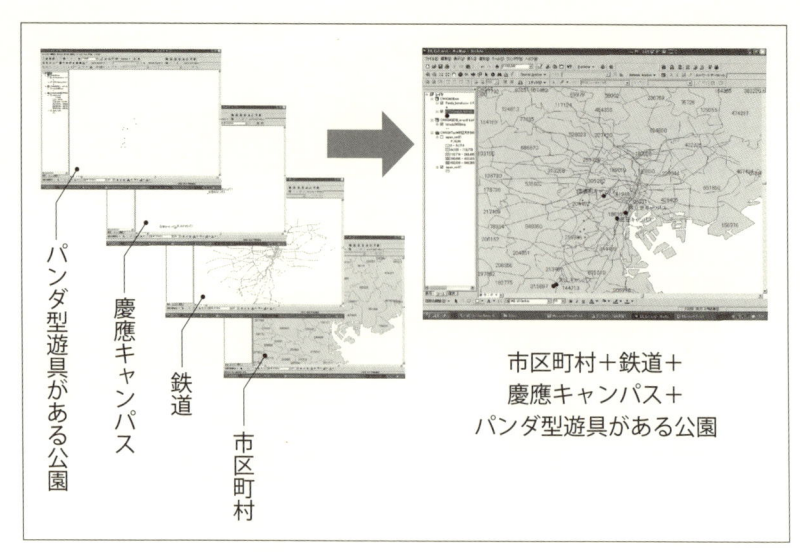

図8.4 レイヤの重ね合わせ
使用データ：総務省統計局，統計GIS；国土地理院，国土数値情報

（1）地図を自作する

　紙の地図上には、道路・河川・建物・標高・土地利用等、さまざまな種類の地理情報が表記されている。これに対し、GISでは、それぞれの種類の地理情報が、種類別にレイヤと呼ばれる透明なシートの上に表記され、このレイヤを重ねることで紙の地図と同様の表示をしている。レイヤは、必要に応じて自由に組み合わせられる。かつては、公的機関が作成した紙の地図を使うには、申請が必要であり、個人が私的目的で手軽に利用することはできなかったが、地理空間情報活用推進基本法（2007年施行）に基づいて、多くの公的機関がデジタル化した地理情報をウェブサイト上で公開しており、必要に応じて自由に利用できる。

　たとえば、図8.4の左側では、市区町村、鉄道、慶應キャンパス、パンダ型遊具がある公園の4種類の地理情報が、それぞれのレイヤに表記されている。そして、この4枚のレイヤを重ねると、右側のような、地図と同様の表示ができる。この4種類の地理情報は、それぞれ別の機関が整備し公開したデータである。市区町村は総務省統計局、鉄道は国土地理院のウ

ェブサイト上で公開されている GIS データである。一方、慶應キャンパスは、慶應義塾大学のウェブサイトで公開されている住所をもとにし、住所を緯度・経度に変換するツールを用いて、GIS データを作成したものである。そして、パンダ型遊具がある公園は、現地調査で探し、GPS によって位置を計測して作成した GIS データである。

若林は、測量による初期の地図製作として、イギリスで1573～78年頃に、エリザベス一世らをパトロンとして行われた地図製作を挙げ、これを「いわば国家事業であり、この時代の国家が地図を通じて国土を対象化し、把握しようとしていた」としている。さらに、近代の地図製作は「統治権力により国土を客観的に対象化し、確定する作業として作られ」、「地図を通じて表象される国土を対象とする統治行為を支えてゆくものであった」としている。しかし、現代では、GIS により、個人であっても、レイヤを自由に組み合わせて地図を製作できるようになった。このような変化は、かつて鉄道・乗合バスなどの公共交通機関しか利用できなかったのが、自家用車の普及によってマイカーで自由に移動できるようになったのと似ている。

（2）地図を塗り分ける

グラフは、データの数値によって色や形を変えて表示するが、GIS では、レイヤ上の地理情報のデータの数値をもとに、色や形を変えて表示することができる。

たとえば、地形図には等高線が描かれているが、等高線を辿っていくのは煩雑である。そこで、5m 間隔の標高のレイヤを、標高によって塗り分けて、その上に地形図のレイヤを重ねると、図8.5のように、地形の起伏を直感的に表示した地図を作成できる。

これにより、日ごろ坂道の上り下りや、見晴らしなどで、漠然と認識していた高低差が、客観的に把握できる。

（3）地図上で計算する

個々の地理情報には地理的位置を表す緯度・経度が付されている。2つ

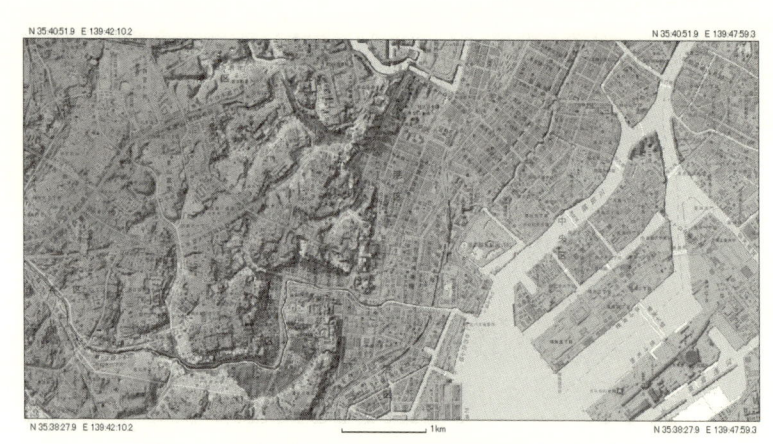

**図 8.5 標高で塗り分けた東京都港区周辺の地形図**
使用データ：国土地理院，国土数値情報・ウォッちず

の地理情報の緯度・経度の差から、距離を計算することができるが、GIS では、このような計算が簡単にできる。

たとえば、品揃え・価格設定など、他の条件がどの店舗でも同じならば、隣接する同業店舗同士の垂直二等分線が、双方の店舗の勢力圏（商圏）の境界と考えられる。個々の店舗の周囲には隣接する店舗が複数あるので、それぞれの垂直二等分線で仕切られた多角形が当該店舗の商圏と考えられる。図8.6では、コンビニ・スーパー・デパートのそれぞれについて、商圏を抽出した（ボロノイ分割）。この結果、コンビニよりスーパー、スーパーよりデパートの方が、商圏が広いことが分かる。このような計算も、ボタンひとつで操作できる。

これにより、地域の商業中心地が、業態によって異なり、階層性があるという特性を把握できる。

## 8-4　地図を公開する

Web GIS で自作のデジタル地図を公開するだけでなく、複数の個人がひとつの Web GIS サイトでデジタル地図を共同制作することで、地理的経験を共有することもできる。

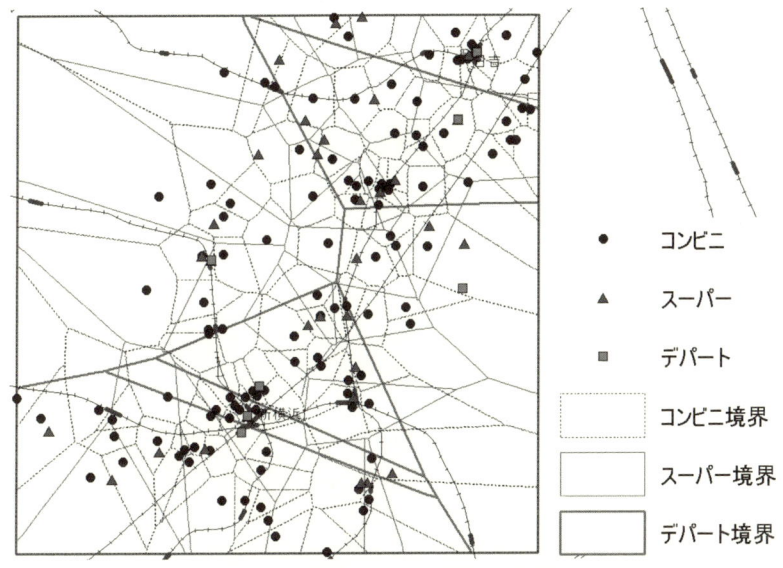

**図 8.6　横浜市港北区の業態別商圏図**
使用データ：NTT 番号情報株式会社，i タウンページ

## （1）一億総"紀貫之"化

　その昔、紀貫之は任地の土佐と京の間の旅日記として、「土佐日記」を著した。日記を書くこと自体は、古今の多くの人々が行ってきた、ありふれた行為だが、土佐日記の場合は、現代に至るまで、広く読み継がれているという点で特別な事例である。時代が下っても、日記が出版された例は限られている。しかし、ブログの普及によって、ふつうの個人がウェブサイト上で日記を公開できるようになった。ブログにはデジカメや携帯電話で撮影した画像を掲載することができるので、さながら絵日記である。すでに見てきたように、Google Map のように Web GIS 上でデジタル地図を公開することができるが、もちろん、自作のデジタル地図も公開できる。自分が旅先で撮影したデジカメ画像をコメントとともに、デジタル地図に表示すれば、「地図日記」ができあがるが、そのデジタル地図を Web GIS で公開することもできる。現代では、誰もが紀貫之になれるのだ。

　たとえば、Picasa を使えば、図 8.7 のように、デジカメ画像をコメントとともに、デジタル地図に表示し、それを公開できる。

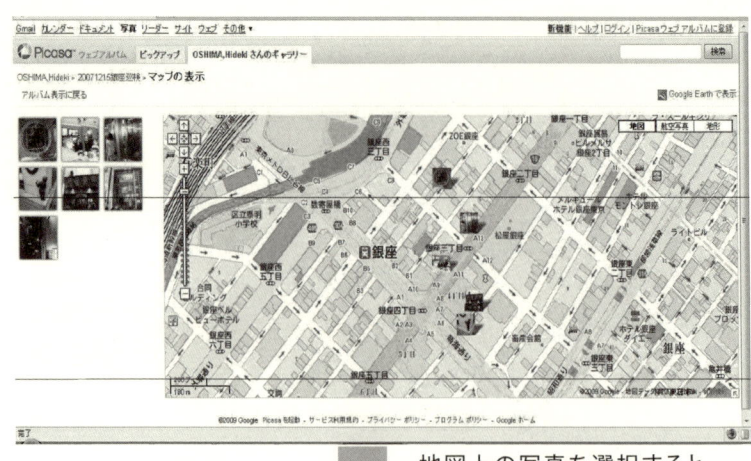

図8.7　Picasaによる地図日記
参照：http://picasa.web.google.co.jp

　インターネットの普及によって、新聞やテレビ、出版物を介さずに、文章や画像を広く公開できるようになったが、同様に、Web GIS の普及によって、地図を広く公開できるようになった。

（2）地理的経験の共有
　Web GIS で公開するデジタル地図は、自作のものに限らない。ウェブ

図8.8 神奈川県藤沢市民が共同制作し公開したデジタル地図
参照：季節の見どころ花どころ絵巻
http://gis01.city.fujisawa.kanagawa.jp/41/Top.do

　サイトの掲示板（BBS）では、複数の個人が情報を書き込むことによって、情報が集積され共有される。これと同様に、ひとつのWeb GISサイトで、複数の個人がデジタル地図を共同制作し、公開することで、地理的経験が集積され共有される。

　たとえば、神奈川県藤沢市のWeb GISサイト「ふじさわ電縁マップ」では、市民や市民団体が自由にテーマを設定して、それに対して、複数の市民がデジタル地図上に地理情報を提供している。これによって、地理情報が集積され共有される。図8.8では、「季節の見どころ花どころ絵巻」と題して、自宅の近所や、移動中に撮影した季節の花のデジカメ画像を、デジタル地図上に表示させている。

　複数の市民がデジカメ画像を表示させていくので、個々の市民にとっては、自分の行動圏から外れた場所に咲いている花のようすも分かる。つまり、市民が市民のために情報を集約して発信していることになる。

## 8−5　GISもメディアのひとつ

　これまでに、GISが地誌を認識・表現するメディアとして活用されるようすを見てきた。GISの普及により、世界中の衛星写真や360°現地写真を検索して見られるようになった。道に迷っても、携帯電話が周辺の地図を探し出してくれる。さらに、個人でも必要な地理情報を組み合わせてデジタル地図を作成したり、地図を塗り分けしたり、地図上で計算したりできるようになった。このようにして個人や複数の個人が作成したデジタル地図を、ウェブサイトで公開できるようになった。これらにより、地誌の認識・表現が容易になった。

　しかし、検索して閲覧するということは、個人が興味を持った場所だけが閲覧されることであり、携帯電話による現在地検索をするのは、個人が実際に足を運んだ場所に限られる。また、デジタル地図を作成したり塗り分けしたり、地図上で計算したりするときに使われる地理情報も、個人が興味を持ったものに限られる。

　このように、GISという現代的・科学的なメディアによって、地誌の情報を利用できる可能性は飛躍的に広がったが、情報の取捨選択は、結局のところは、それを使う個人が持つ興味に左右される。つまり、現代においても、地誌の認識・表現には、それを行う個人によって何らかの偏りが生じる。この意味では、マルコ・ポーロの時代となんら変わっていない。

【引用文献】
　厳網林（2003）『GIS の原理と応用』日科技連
　若林幹夫（2009）『増補　地図の想像力』河出文庫


【参考文献】
　g コンテンツ流通推進協議会（2007）『g コンテンツ革命』翔泳社


【参考ウェブサイト】（2009 年 9 月時点の URL）
　＜すぐに使える GIS＞
　　グーグル株式会社『Google Map』
　　　http://maps.google.co.jp/maps
　　　地図・航空写真が見られる。人のアイコンを道路上にドラッグすると、ストリートビュー（360°現地写真）が見られる。「マイマップ」で、地図にポイントやラインを書き込んで新しい地図を作成し、公開できる。
　　国土地理院『ウォッちず』
　　　http://watchizu.gsi.go.jp/
　　　25,000 分の 1 地形図が見られる。
　　特定非営利活動法人地域魅力『季節の見どころ花どころ絵巻』、神奈川県藤沢市『ふじさわ電縁マップ』
　　　http://gis01.city.fujisawa.kanagawa.jp/41/Top.do
　＜GIS データ＞
　　NTT 番号情報株式会社『インターネットタウンページ』
　　　http://itp.ne.jp/
　　　タウンページのインターネット版。検索条件を送信すると、該当する店舗・事業所などの住所が一覧表示される。
　　国土交通省『国土数値情報』
　　　http://nlftp.mlit.go.jp/ksj/
　　　全国の道路・標高・土地利用等のデータ。

国土地理院『基盤地図情報』

http://www.gsi.go.jp/kiban/index.html

市区町村の道路・河川・建物等のデータ。

総務省統計局『地図で見る統計』（統計 GIS）

http://www.e-stat.go.jp/SG1/estat/toukeiChiri.do?method=init

国勢調査，事業所・企業調査の町丁目/1km メッシュの集計データ。

＜GIS ツール＞

ESRI ジャパン株式会社『Arc GIS Desktop』

http://www.esrij.com/products/arcview9/

GIS ソフトの国際標準。価格は￥400,000 程度だが、大学によっては無料で使える。

グーグル株式会社『Google Earth』

http://earth.google.com/

無料ソフトをインストールする。真上から撮影した衛星写真を、斜め上や地上からも見られる。

グーグル株式会社『Picasa』

http://picasaweb.google.co.jp/

デジタルカメラで撮った写真を地図上に載せ、公開できる。

谷謙二『MANDARA』

http://ktgis.net/mandara/index.php

無料ソフトをインストールする。市町村、都道府県、国単位で、Excel のデータをもとに主題図（塗り分け図）を作成できる。Excel でグラフを作れる人ならば、簡単に操作できる。

東京カートグラフィック株式会社『地図太郎』

http://www.tcgmap.jp/m3products/m3_taro1.htm

有償ソフトをインストールする。価格は￥3,500 程度。操作は簡単で、小学生でも操作できる。国産ソフトのため、国土交通省・国土地理院のデータの読み込みが容易。

東京大学空間情報科学センター 『CSV アドレスマッチングサービス』
http://www.tkl.iis.u-tokyo.ac.jp/〜sagara/geocode/
住所データを送信すると、位置座標が付加された GIS データが作成される。

## 索引

### あ
| | |
|---|---|
| アーサー・H・ロビンソン | 21 |
| アーミン・K・ローベック | 28 |
| 浅草台地 | 47 |
| アジェ | 60 |
| アチック・ミュージアム | 66 |
| アバター | 117 |
| アブラハム・オルテリウス | 5 |
| 荒木経惟 | 67 |
| 荒木泰晴 | 67 |
| アラン | 86 |
| アンビエントな情報 | 98 |

### い
| | |
|---|---|
| 石井實 | 63,67,75 |
| 遺跡 | 47 |
| 一丁倫敦 | 69,72 |
| 一般地理学 | 5,6 |
| 一般(体系)地理学 | 6,7 |
| 緯度航海法 | 4 |
| 今橋映子 | 61 |

### う
| | |
|---|---|
| ヴィダル・ドゥ・ラ・ブラーシュ | 8 |
| 上野彦馬 | 62 |
| 歌川広重 | 61 |
| 内田九一 | 62 |
| 宇宙誌 | 5 |

### え
| | |
|---|---|
| 映像メディア | 16 |
| エッフェル塔 | 65,74 |
| 江戸前島 | 47,49 |
| 恵比寿駅 | 69 |
| エラトステネス | 2,13 |
| エンリケ航海王子 | 4 |

### お
| | |
|---|---|
| 黄金の丘 | 31,33 |
| ALWAYS 三丁目の夕日 | 73,88 |
| オスマン | 60 |
| オルテリウス | 5 |

### か
| | |
|---|---|
| カール・サワー | 19 |
| 海溝型地震 | 50 |
| 解釈 | 16,21,22,23,28 |
| 解釈行為 | 22,28 |
| 海食台 | 47 |
| 海進 | 42 |
| 海成層 | 42 |
| 凱旋門 | 60 |
| 海退 | 43 |
| 貝塚 | 47 |
| 解読 | 27 |
| カエサル | 2,3 |
| 確率論的地震動予測地図 | 53 |
| 可視化 | 38 |
| 河成層 | 42 |
| 仮想現実 | 17 |
| 仮想通貨 | 120 |
| 活断層 | 50,52 |
| ガリア戦記 | 3 |
| ガルニエ | 60 |
| 神田川 | 45,49 |
| 関東大震災 | 51 |
| 関東平野 | 42 |
| 関東ローム | 42 |
| 間氷期 | 41 |

### き
| | |
|---|---|
| 熙代勝覧 | 61 |
| 強化現実 | 102 |
| 銀座 | 68 |
| 銀板写真 | 60 |

### く
| | |
|---|---|
| 空間的表現 | 34 |
| グーテンベルグ | 4 |
| 日下部金兵衛 | 62 |

| | |
|---|---:|
| 組み写真 | 64 |
| クルル | 60 |
| グレゴリー | 20 |

## け
| | |
|---|---:|
| 携帯電話 | 67 |
| 劇映画 | 82 |
| ケルテス | 60 |
| 原風景 | 73 |

## こ
| | |
|---|---:|
| 考現学 | 68 |
| 交通通信革命 | 11 |
| 高度経済成長期 | 69,72,74 |
| 後氷期 | 41 |
| コード化 | 27 |
| 国際連合 | 59,74 |
| 国土地理院 | 25 |
| 心の中の風景 | 73 |
| コスモス | 5 |
| コルベール | 8 |
| コログラフィー | 7 |
| コロス | 7 |
| コロロギー | 7 |
| コンテキスト・アウェアネス | 101 |
| コンドル | 70 |
| コンピュータ・グラフィックス | 73 |
| 今和次郎 | 68 |

## さ
| | |
|---|---:|
| 最終間氷期 | 41 |
| 最終氷期 | 41 |
| 相模トラフ | 51 |
| 砂州 | 45,49 |
| 参加型センシング | 106 |

## し
| | |
|---|---:|
| シェークスピア | 34 |
| 時空間的圧縮 | 95 |
| 地震ハザードマップ | 53 |
| 湿板写真 | 60 |
| 支那 | 6,7 |
| 渋沢敬三 | 66 |
| 下岡蓮杖 | 62 |
| 上海 | 74 |
| 集合知 | 107 |
| ジュリエット | 36 |
| 情報メディア革命 | 11 |
| 縄文海進 | 45 |
| ジョンソン | 31 |
| 人口集中地区 | 59 |
| 新宿 | 65,68 |

## す
| | |
|---|---:|
| スタジオ | 83 |
| スタジオ内 | 83,84 |
| ストラボン | 3,14 |
| ストリートビュー | 134 |

## せ
| | |
|---|---:|
| セーヌ川 | 28,30 |
| セーヌ本流 | 28 |
| 世界周航 | 4 |
| 世界の記述 | 3,14 |
| 世界の舞台 | 5 |
| 全地球測位システム | 2,100,134 |
| 全米地理学者協会 | 19 |

## そ
| | |
|---|---:|
| ソンダース | 62 |

## た
| | |
|---|---:|
| 代替現実感 | 17,125 |
| 代替現実ゲーム | 124 |
| 体系地理学 | 7 |
| 大航海時代 | 2,3,4,5,13,34 |
| 大正関東地震 | 51 |
| 台地 | 42 |
| ダゲール | 60 |
| ダゲレオタイプ | 60 |
| 多次元尺度法 | 35 |
| 辰野金吾 | 72 |
| 段丘 | 42 |
| 段幕地図 | 26,27 |

## ち
| | |
|---|---:|
| 地域地理学 | 6 |
| 地形断面図 | 24 |
| 地形模式図 | 8 |
| 地誌 | 6,7,11〜17,19,27,31,33,38,79 |

| | |
|---|---|
| 地図 | 13～15,19～28,30,31,33～38 |
| 地図化 | 34 |
| 地図学 | 5,13,20 |
| 地図コミュニケーション | 21～23,34 |
| 中国 | 6,7 |
| 沖積層 | 45 |
| 地理学者の技芸 | 34 |
| 地理学者の教育 | 19 |
| 地理空間情報活用推進基本法 | 138 |
| 地理写真 | 16,63～67,74,75 |
| 地理上の発見 | 3 |
| 地理情報 | 133 |
| 地理情報システム | 12,133 |
| 地理的位置情報 | 12 |

## つ
| | |
|---|---|
| 津波 | 50 |

## て
| | |
|---|---|
| 低地 | 42 |
| 定点写真 | 64,65,69 |
| デジタルカメラ | 67 |
| デジタルネイティブ世代 | 96 |
| デレク・グレゴリー | 20 |

## と
| | |
|---|---|
| ドアノー | 61 |
| 動画 | 80 |
| 東京 | 88,89 |
| 東京駅 | 72 |
| 東京スカイツリー | 65 |
| 東京タワー | 65,88 |
| 東京都青梅市 | 73 |
| 東京物語 | 87 |
| 東方見聞録 | 3,14 |
| トールキン | 34 |
| ドキュメンタリー | 86 |
| ドキュメンタリー映画 | 82,86 |
| 特殊(地域)地理学 | 5,6 |
| 特殊地理学 | 5,6,7 |
| 読図 | 24 |
| 都市写真 | 16 |
| トマス・モア | 34,35 |
| トランス・メディア・ストーリーテリング | 123,124 |
| トランスミッション型コミュニケーション | 22,23 |
| トランスレーション型コミュニケーション | 23 |

## な
| | |
|---|---|
| 内陸型地震 | 50 |
| 中西元男 | 65 |
| 名取洋之助 | 64 |

## に
| | |
|---|---|
| ニエプス | 60 |
| 日本橋台地 | 45 |
| ニューヨーク | 68,69 |

## は
| | |
|---|---|
| パーカー | 62 |
| バーチャルリアリティ | 116 |
| バーチャルワールド | 115 |
| バーバラ・B・ペチェニク | 21 |
| 博物学 | 4 |
| 博物誌 | 4 |
| パノラマ写真 | 64 |
| パリ | 60,74 |
| パリ写真 | 61 |
| 阪神・淡路大震災 | 52 |

## ひ
| | |
|---|---|
| ピーター・ハゲット | 34 |
| 樋口忠彦 | 73 |
| 日比谷入江 | 47,49,51 |
| ヒュー・ジョンソン | 31 |
| ヒューマンプローブ | 106 |
| 氷期 | 41 |
| 氷期・間氷期サイクル | 41 |
| 兵庫県南部地震 | 52 |
| 氷床コア | 41 |

## ふ
| | |
|---|---|
| ファスト風土 | 69 |
| ファンタジー小説 | 34 |
| フィルム・コミッション | 85 |
| 福澤 | 11,12 |
| 福澤諭吉 | 11 |
| プトレマイオス | 3,13 |
| ブラッサイ | 60 |
| フラヌール | 61 |
| フランス学士院 | 8 |

| | |
|---|---|
| フランス地理 | 8 |
| プレート境界地震 | 50 |
| プレート内地震 | 50 |
| ブレードランナー | 90 |
| ブレッソン | 60 |
| フンボルト | 5 |

### へ

| | |
|---|---|
| ベアト | 62 |
| ペチェニク | 21,22 |
| ヘリオグラフィ | 60 |

### ほ

| | |
|---|---|
| 歩行者向けナビゲーションサービス | 101 |
| 本郷台地 | 45 |

### ま

| | |
|---|---|
| 松本健 | 62 |
| マルヴィル | 60,64 |
| マルコ・ポーロ | 3,14 |
| 丸の内 | 71 |

### み

| | |
|---|---|
| 三浦展 | 69 |
| 三田 | 62,63,66 |
| 三菱一号館 | 70,71,72 |
| 宮本 | 67 |
| 宮本常一 | 66,75 |
| ミラーニューロン | 117 |
| 民情一心 | 11 |

### む

| | |
|---|---|
| ムセイオン | 2,3 |

### め

| | |
|---|---|
| 名所江戸百景 | 61 |
| メディア | 12〜17,19,20,23,34,38 |

### も

| | |
|---|---|
| モバイル都市センシング | 106 |
| モボ・モガ | 68 |

### ゆ

| | |
|---|---|
| ユートピア | 34,35 |
| ユートピア文学 | 34 |
| 指輪物語 | 34 |
| ユリウス・カエサル | 2 |

### よ

| | |
|---|---|
| 横浜写真 | 62 |
| 横山松三郎 | 62 |

### ら

| | |
|---|---|
| 羅針盤 | 4 |
| ランドマーク | 60,61,64,65,68,72,74 |

### り

| | |
|---|---|
| 陸軍参謀部 | 25 |
| 陸軍測量部 | 25 |
| リヒトホーフェン | 6,7 |
| リュミエール | 79,80 |
| 臨海副都心 | 73 |
| リンチ | 64 |

### れ

| | |
|---|---|
| レイヤ | 138 |
| レルフ | 74 |

### ろ

| | |
|---|---|
| ローベック | 28,30 |
| ロケーション | 83,84 |
| ロサンゼルス | 90,91 |
| ロビンソン | 21,22 |
| ロメオ | 36 |
| ロメオとジュリエット | 34,35 |
| ロンドン | 68,69 |

## A
| | |
|---|---|
| Armin K.Lorbeck | 28 |
| Arthur H.Robinson | 21 |

## B
| | |
|---|---|
| Barbara Bartz Petchenik | 21 |

## C
| | |
|---|---|
| Cartographic Communication | 21 |
| Cartographia | 5 |
| CG | 15 |
| Chorology | 7 |
| Choros | 7 |
| Computer Graphics | 15 |
| Context Awareness | 101 |
| Cosmographia | 5 |

## D
| | |
|---|---|
| Derek Gregory | 20 |

## G
| | |
|---|---|
| Geographic Information System | 12,133 |
| Geographic Positioning System | 2 |
| Geographical Imagination | 20 |
| GIS | 12,17,134 |
| Global Positioning System | 100,134 |
| Google Map | 134 |
| GPS | 2,67,100,134 |

## H
| | |
|---|---|
| Hugh Johnson | 31 |
| Humboltd | 5 |

## I
| | |
|---|---|
| Interpretation | 16,21,22 |

## J
| | |
|---|---|
| J.R.R.Tolkien | 34 |

## K
| | |
|---|---|
| Karl O.sauer | 19 |
| KOSMOS | 5 |

## M
| | |
|---|---|
| Massively Multiplayer Online Game | 116 |
| Massively Multiplayer Online Role Playing Game | 116 |
| MMOG | 116 |
| MMORPG | 116 |

## P
| | |
|---|---|
| Peter Hagget | 34 |

## S
| | |
|---|---|
| spatial representation | 34 |
| Strabon | 3 |

## T
| | |
|---|---|
| The Association of America Geographers | 19 |
| The Cort d'Or | 31 |
| The Lord of the Rings | 34 |
| Transmission | 22 |

## V
| | |
|---|---|
| Visualization | 38 |

## W
| | |
|---|---|
| Web Gis | 134 |

■ 著者紹介・執筆分担

杉浦章介（すぎうら　のりゆき）――第1章、第2章
　慶應義塾大学経済学部教授（Ph. D.）
　専門：経済地理学、都市・地域論、アメリカ研究

松原彰子（まつばら　あきこ）――第3章
　慶應義塾大学経済学部教授（理学博士）
　専門：自然地理学、地球環境論

渡邊圭一（わたなべ　けいいち）――第4章
　慶應義塾大学環境情報学部非常勤講師
　専門：経済地理学、都市地理学、世界都市論

長田　進（おさだ　すすむ）――第5章
　慶應義塾大学経済学部准教授（Ph.D）
　専門：都市地理学、経済地理学

武山政直（たけやま　まさなお）――第6章、第7章
　慶應義塾大学経済学部教授（Ph.D）
　専門：経済地理学、都市空間分析、都市情報化論

大島英幹（おおしま　ひでき）――第8章
　慶應義塾大学グローバルセキュリティ研究所研究助教
　専門：地理情報科学、都市計画、交通計画


ジオ・メディアの系譜 ― 進化する地表象の世界

2010年5月25日　初版第1刷発行

著　者―――杉浦章介・松原彰子・渡邊圭一・長田　進・武山政直・大島英幹
発行者―――坂上　弘
発行所―――慶應義塾大学出版会株式会社
　　　　　〒108-8346　東京都港区三田2-19-30
　　　　　TEL〔編集部〕03-3451-0931
　　　　　　　〔営業部〕03-3451-3584〈ご注文〉
　　　　　　　　〃　　 03-3451-6926
　　　　　FAX〔営業部〕03-3451-3122
　　　　　振替 00190-8-155497
　　　　　URL http://www.keio-up.co.jp/

装丁・造本 ― 安藤久美子
印刷・製本 ― 株式会社加藤文明社

©2010　Noriyuki Sugiura, Akiko Matsubara, Keiichi Watanabe,
　　　　Susumu Osada, Masanao Takeyama, Hideki Oshima
Printed in Japan　　ISBN 978-4-7664-1739-5